Impressum
Verlag: BABADADA GmbH, Nedderfeld 112 , 22529 Hamburg
Geschäftsführer / Verlagsleitung: Harald Hof
Druck: Books on Demand GmbH, In de Tarpen 42, 22848 Norderstedt

Imprint
Publisher: BABADADA GmbH, Nedderfeld 112 , 22529 Hamburg, Germany
Managing Director / Publishing direction: Harald Hof
Print: Books on Demand GmbH, In de Tarpen 42, 22848 Norderstedt

ໂຮງຮຽນ

school

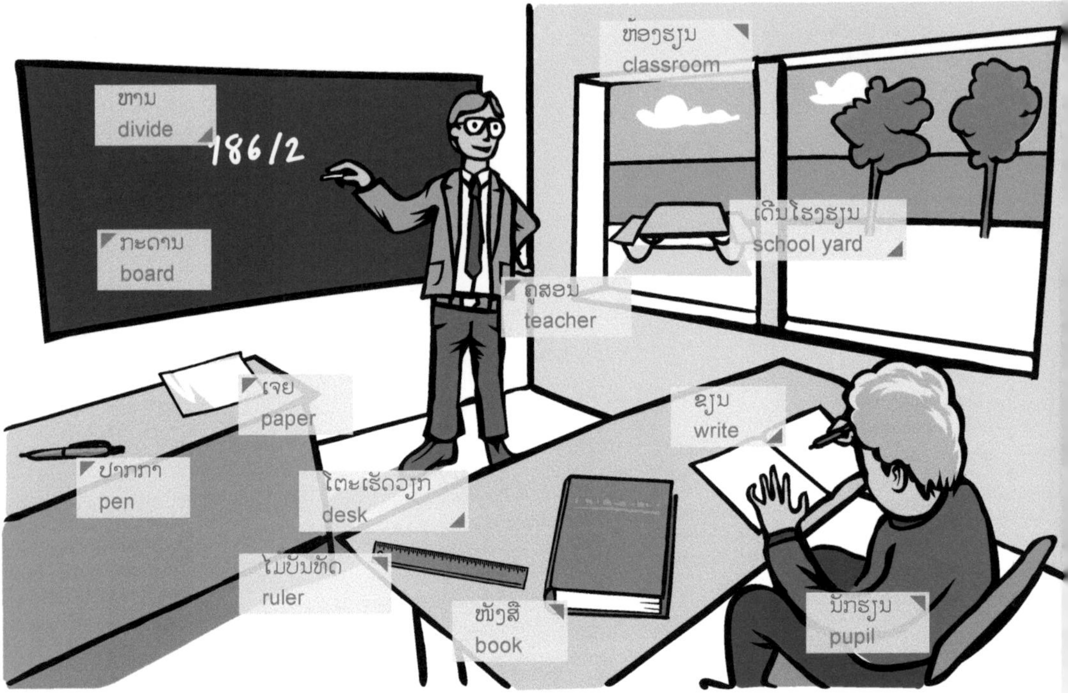
ຫ້ອງຮຽນ
classroom
ຫານ
divide
186/2
ກະດານ
board
ເດີ່ນໂຮງຮຽນ
school yard
ຄູສອນ
teacher
ເຈ້ຍ
paper
ຂຽນ
write
ປາກກາ
pen
ໂຕະເຮັດວຽກ
desk
ໄມ້ບັນທັດ
ruler
ໜັງສື
book
ນັກຮຽນ
pupil

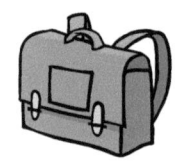

ກະເປົາໃສ່ປຶ້ມທີ່ມີສາຍພາຍ

satchel

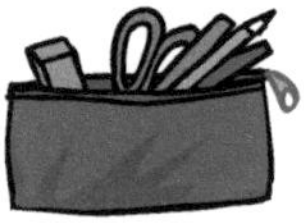

ກັບສໍດຳ

pencil case

ສໍດຳ

pencil

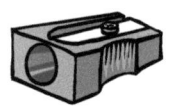

ເຄື່ອງແຫຼມສໍ

pencil sharpener

ຢາງລຶບ

rubber

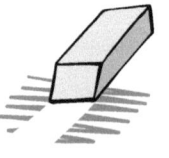

ສະໝຸດແຕ້ມຮູບ

drawing pad

ພາບວາດ

drawing

ແປງທາສີ

paintbrush

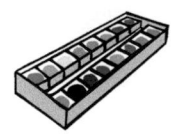

ກ່ອງສີ

paint box

ມີດຕັດ

scissors

ກາວ

glue

ປື້ມເຝິກຫັດ

exercise book

ວຽກບ້ານ

homework

12

ຕົວເລກ

number

2+2

ບວກ

add

5-2

ລົບ

subtract

2×2

ຄູນ

multiply

ຄິດໄລ່

calculate

A

ຕົວອັກສອນ

letter

ABCDEFG
HIJKLMN
OPQRSTU
VWXYZ

ພະຍັນຊະນະ

alphabet

hello

ຄຳສັບ

word

ຂໍ້ຄວາມ

text

ອ່ານ

read

ສໍຂາວ

chalk

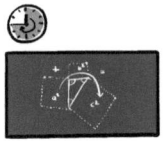

ບົດຮຽນ

lesson

ລົງທະບຽນ

register

ການສອບເສັງ

exam

ໃບຢັ້ງຢືນ

certificate

ຊຸດນັກຮຽນ

school uniform

ການສຶກສາ

education

ປຶ້ມຮວບຮວມຄວາມຮູ້ສາລະພັດ

encyclopedia

ມະຫາວິທະຍາໄລ

university

ກ້ອງຈຸລະທັດ

microscope

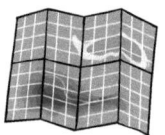

ແຜນທີ່

map

ກະຕ່າໃສ່ເສດເຈ້ຍ

waste-paper basket

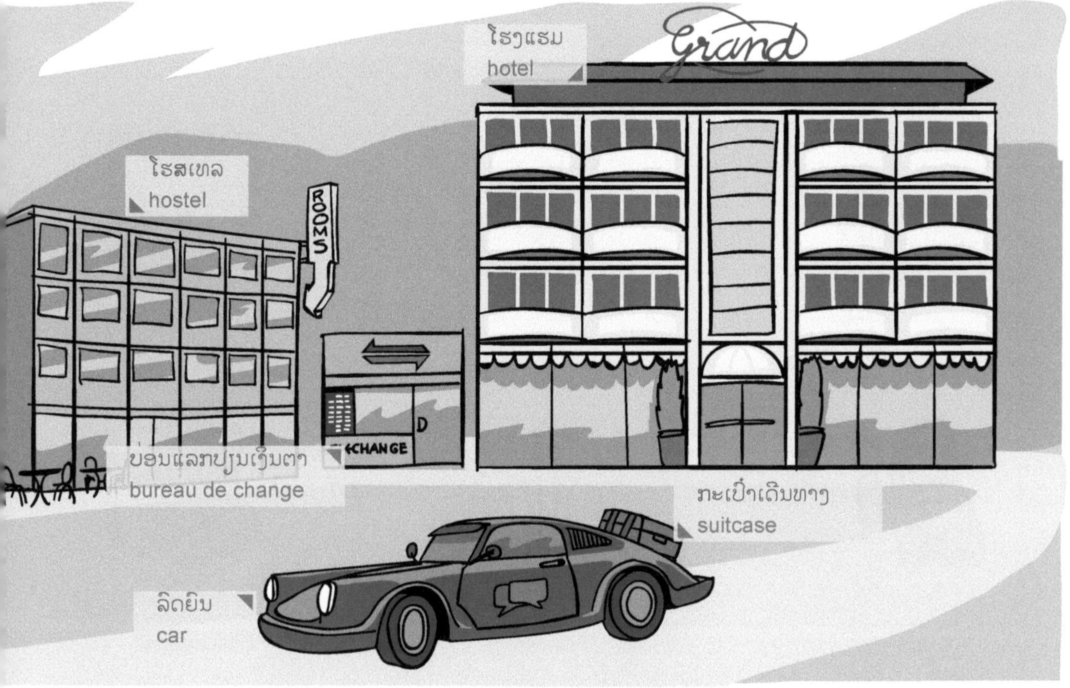

ໂຮງແຮມ
hotel
Grand
ໂຮສເທລ
hostel
ROOMS
CHANGE
ບ່ອນແລກປ່ຽນເງິນຕາ
bureau de change
ກະເປົ໋າເດີນທາງ
suitcase
ລົດຍົນ
car

ພາສາ

language

ແມ່ນ / ບໍ່ແມ່ນ

yes / no

ຕົກລົງ

Okay

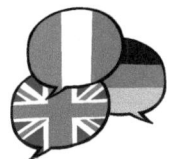

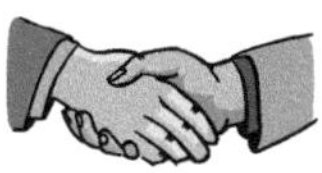

ສະບາຍດີ

hello

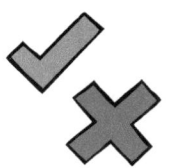

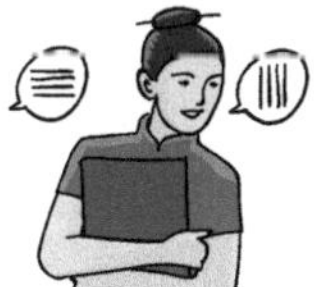

ນັກແປພາສາ

translator

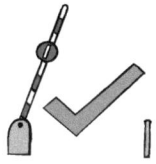

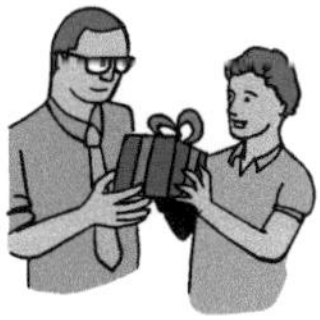

ຂອບໃຈ

Thank you

ລາຄາເທົ່າໃດ...?

how much is...?

ຂ້ອຍບໍ່ເຂົ້າໃຈ

I do not understand

ບັນຫາ

problem

ສະບາຍດີຕອນແລງ!

Good evening!

ສະບາຍດີຕອນເຊົ້າ!

Good morning!

ລາຕິສະຫວັດ

Good night!

ລາກ່ອນ

bye bye

ທິດທາງ

direction

ກະເປົ໋າເດີນທາງ

luggage

ກະເປົ໋າ

bag

ກະເປົ໋າພາຍຫຼັງ

backpack

ແຂກ

guest

ຫ້ອງ

room

ຖົງໃສ່ເຄື່ອງນອນ

sleeping bag

ເຕັ້ນ

tent

ຂໍ້ມູນນັກທ່ອງທ່ຽວ

tourist information

ຫາດຊາຍ

beach

ບິດເຄຣດິດ

credit card

ອາຫານເຊົ້າ

breakfast

ອາຫານທ່ຽງ

lunch

ອາຫານແລງ

dinner

ປີ້

ticket

ລິຟ

lift

ສະແຕມ

stamp

ພົມແດນ

border

ພາສີ

customs

ສະຖານທູດ

embassy

ວິຊາ

visa

ໜັງສືຜ່ານແດນ

passport

transport

ກຳປັ່ນ
ship

ເຮືອບິນ
aeroplane

ລົດດັບເພີງ
fire engine

ລົດເມ
bus

ລົດບັນທຶກ
truck

ເຮືອຈັກ
motorboat

ລົດຖີບ
bike

ລົດຍົນ
car

ເຮືອຂ້າມຟາກ
....
ferry

ເຮືອ
....
boat

ລົດຈັກ
....
motorbike

ລົດຕຳຫຼວດ
....
police car

ລົດແຂ່ງ
....
racing car

ລົດເຊົ່າ
....
rental car

ການແບ່ງປັນກັນໃຊ້ລົດ

car sharing

ລົດລາກ

breakdown truck

ລົດຂົນຂີ້ເຫຍື້ອ

refuse truck

ເຄື່ອງຍົນ

motor

ເຊື້ອໄຟ

fuel

ປັ້ມນ້ຳມັນ

petrol station

ປ້າຍຈາລະຈອນ

traffic sign

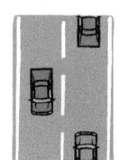

ການຈາລະຈອນ

traffic

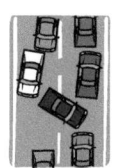

ການຈາລະຈອນຕິດຂັດ

traffic jam

ບ່ອນຈອດລົດ

car park

ສະຖານີລົດໄຟ

train station

ລາງລົດໄຟ

tracks

ລົດໄຟ

train

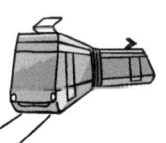

ລົດລາງ

tram

ຕູ້ລົດໄຟ

carriage

ເຮລິຄອບເຕີ

helicopter

ສະໜາມບິນ

airport

ຫໍຄອຍ

tower

ຜູ້ໂດຍສານ

passenger

ຕູ້ບັນຈຸສິນຄ້າ

container

ກ່ອງເຈ້ຍ

carton

ກວຽນ

cart

ກະຕ່າ

basket

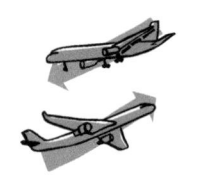

ເຮືອບິນຂຶ້ນ / ເຮືອບິນລົງຈອດ

take off / land

ບ້ານ

village

ໃຈກາງເມືອງ

city centre

ເຮືອນ

house

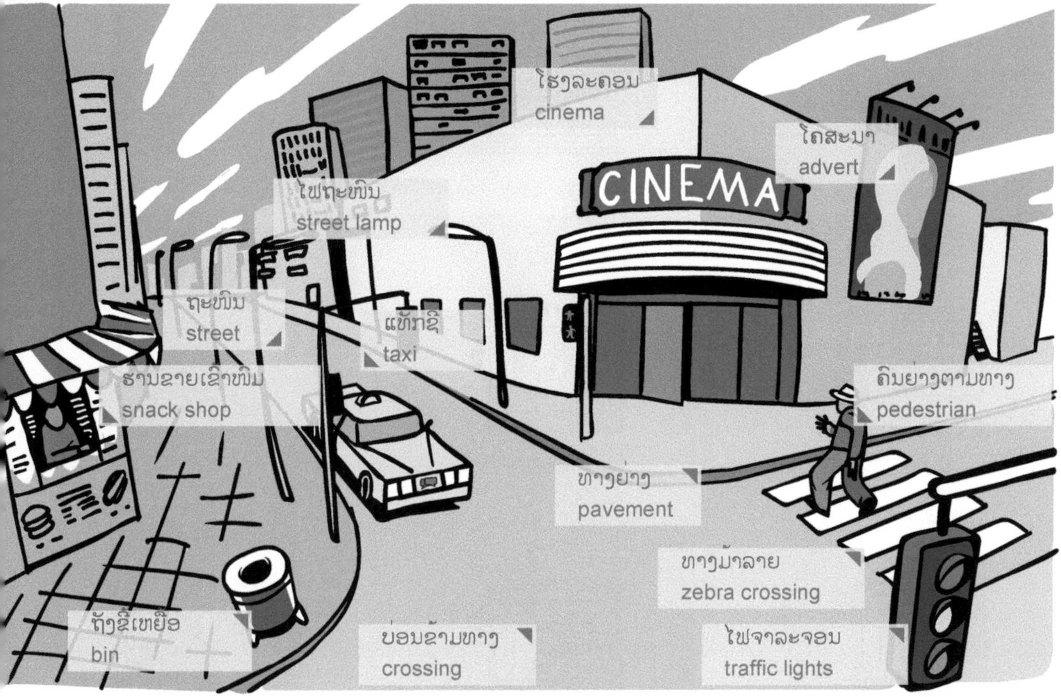

ໂຮງລະຄອນ
cinema

ໂຄສະນາ
advert

ໄຟຖະໜົນ
street lamp

CINEMA

ຖະໜົນ
street

ແທັກຊີ
taxi

ຮ້ານຂາຍເຂົ້າໜົມ
snack shop

ຄົນຍ່າງຕາມທາງ
pedestrian

ທາງຍ່າງ
pavement

ທາງມ້າລາຍ
zebra crossing

ຖັງຂີ້ເຫຍື້ອ
bin

ຂອບຂ້າມທາງ
crossing

ໄຟຈາລະຈອນ
traffic lights

ຕູບ

hut

ແຟລດ

flat

ສະຖານີລົດໄຟ

train station

ໂຮງການເມືອງ

town hall

ຫໍພິພິດຕະພັນ

museum

ໂຮງຮຽນ

school

ມະຫາວິທະຍາໄລ

university

ທະນາຄານ

bank

ໂຮງໝໍ

hospital

ໂຮງແຮມ

hotel

ຮ້ານຂາຍຢາ

pharmacy

ຫ້ອງການ

office

ຮ້ານຂາຍພັງສື

book shop

ຮ້ານຄ້າ

shop

ຮ້ານຂາຍດອກໄມ້

florist's

ຊຸບເປີມາກເກັດ

supermarket

ຕະຫຼາດ

market

ຫ້າງສັບພະສິນຄ້າ

department store

ຮ້ານຂາຍປາ

fishmonger's

ສູນການຄ້າ

shopping centre

ທ່າເຮືອ

harbour

ສວນສາທາລະນະ
....
park

ແປ້ນມ້າ
....
bench

ຂົວ
....
bridge

ຂັ້ນໃດ
....
stairs

ລົດໄຟໃຕ້ດິນ
....
underground

ອຸໂມງ
....
tunnel

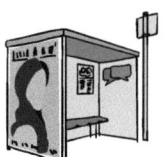

ປ້າຍລົດເມ
....
bus stop

ຮ້ານຂາຍເຫຼົ້າ
....
bar

ຮ້ານອາຫານ
....
restaurant

ຕູ້ໄປສະນີ
....
postbox

ປ້າຍຊື່ຖະໜົນ
....
street sign

ມິເຕີເກັບຄ່າຝາກລົດ
....
parking meter

ສວນສັດ
....
zoo

ສະລອຍນ້ຳ
....
swimming pool

ວັດມຸດສະລິມ
....
mosque

ຟາມ
farm

ມົນລະພິດ
pollution

ສຸສານ
graveyard

ໂບດ
church

ເດີ່ນຫຼິ້ນຂອງເດັກນ້ອຍ
playground

ວັດມຸດສະລິມ
temple

ພູມິປະເທດ
landscape

ໃບໄມ້
leaf

ປ້າຍບອກທາງ
signpost

ທາງ
way

ທົ່ງຫຍ້າ
meadow

ກ້ອນຫີນ
stone

ຕົ້ນໄມ້
tree

ນັກເດີນທາງໄກດ້ວຍການຍ່າງ
hiker

ແມ່ນ້ຳ
river

ຫຍ້າ
grass

ດອກໄມ້
flower

ຮ່ອມພູ

valley

ເນີນເຂົາ

hill

ທະເລສາບ

lake

ປ່າ

forest

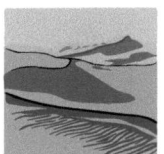

ທະເລຊາຍ

desert

ພູເຂົາໄຟ

volcano

ຫໍປະສາດ

castle

ຮຸ້ງກິນນ້ຳ

rainbow

ເຫັດ

mushroom

ຕົ້ນປາມ

palm tree

ຍຸງ

mosquito

ແມງວັນ

fly

ມົດ

ant

ເຜິ້ງ

bee

ແມງມຸມ

spider

ແມງປິກແຂງ

beetle

ກົບ

frog

ກະຮອກ

squirrel

ເໝັ້ນ

hedgehog

ກະຕ່າຍປ່າ

hare

ນົກເຄົ້າ

owl

ນົກ

bird

ຫົງ

swan

ໝູປ່າຕົວຜູ້

boar

ກວາງ

deer

ກວາງໃຫຍ່

moose

ເຂື່ອນ

dam

ໝາກນີ້ນ

wind turbine

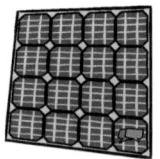

ແຜງໂຊລາເຊລ

solar panel

ສະພາບອາກາດ

climate

ຄົນເສີບຊາຍ
waiter

ລາຍການອາຫານ
menu

ຕັ່ງນັ່ງ
chair

ຂຸບ
soup

ພິສຊາ
pizza

ເຄື່ອງໃຊ້ເທິງໂຕະອາຫານ
cutlery

ຜ້າປູໂຕະ
tablecloth

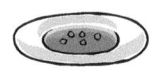

ອາຫານເລີ່ມຕົ້ນ
starter

ອາຫານຈານຫຼັກ
main course

ຂອງຫວານ
dessert

ເຄື່ອງດື່ມ
drinks

ອາຫານ
food

ຂວດແກ້ວ
bottle

ອາຫານຈານດ່ວນ

fast food

ຮ້ານຂາຍທາງ

street food

ເຕົ້ານ້ຳຊາ

teapot

ຖ້ວຍນ້ຳຕານ

sugar bowl

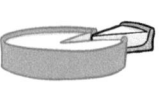

ສ່ວນແບ່ງອາຫານສຳລັບໜຶ່ງຄົນ

portion

ເຄື່ອງຊົງກາເຟເອສເປຣສໂຊ

espresso machine

ເກົ້າອີ້ສູງ

high chair

ໃບເກັບເງິນ

bill

ຖາດ

tray

ມີດ

knife

ສ້ອມ

fork

ບ່ວງ

spoon

ຊ້ອນຊາ

teaspoon

ຜ້າເຊັດປາກຢູ່ໂຕະອາຫານ

serviette

ຈອກແກ້ວ

glass

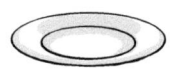

ຈານ

plate

ຈານຊຸບ

soup plate

ຈານຮອງ

saucer

ຊອສ

sauce

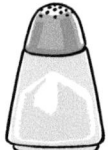

ກະປຸກເກືອ

salt pot

ກະປຸກພິກໄທ

pepper mill

ນ້ຳສົ້ມສາຍຊູ

vinegar

ນ້ຳມັນພືດ

oil

ເຄື່ອງເທດ

spices

ຊອສໝາກເດັ່ນ

ketchup

ຜັກຈໍາພວກຜັກກາດ

mustard

ມາຍອນເນສ

mayonnaise

ຊູບເປີມາກເກັດ

supermarket

ຂໍ້ສະເໜີພິເສດ
special offer
ລູກຄ້າ
customer
ຜະລິດຕະພັນທີ່ເຮັດຈາກນົມ
dairy
FOR
ໝາກໄມ້
fruit
ລົດຊຸກ
trolley

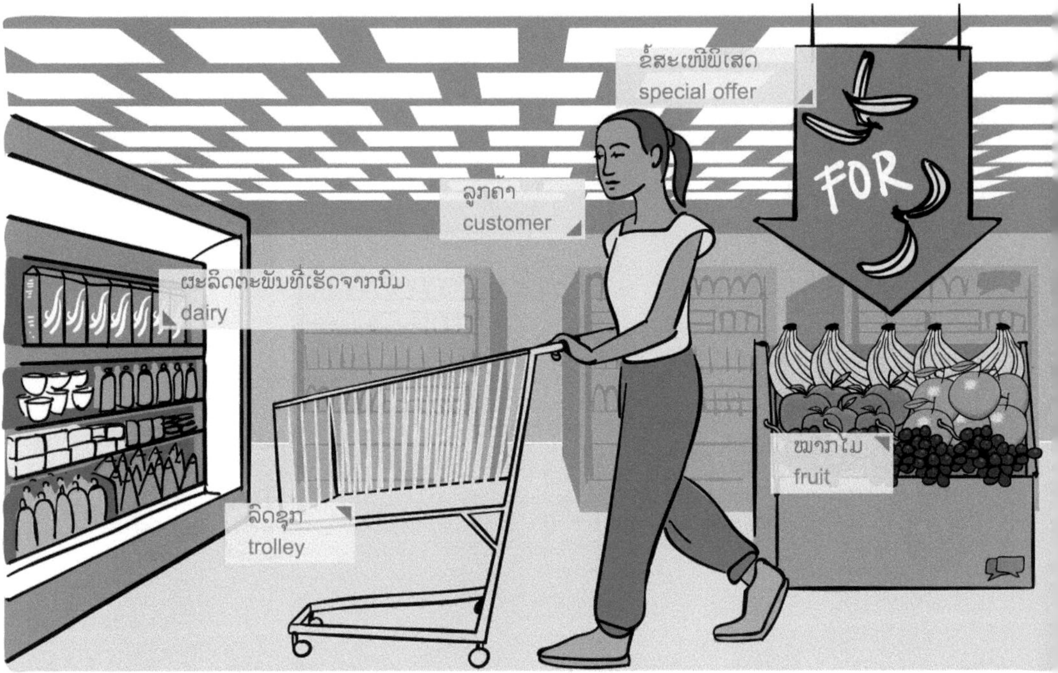

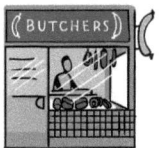

ຮ້ານຂາຍຊີ້ນ

butcher´s

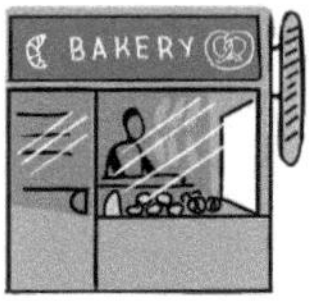

ຮ້ານຂາຍເຂົ້າໜົມປັງ

baker´s

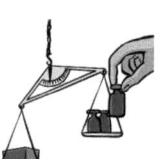

ຊັ່ງນ້ຳໜັກ

weigh

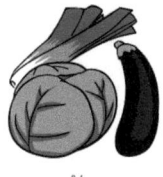

ຜັກ

vegetables

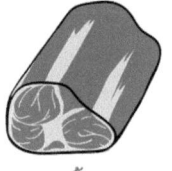

ຊີ້ນ

meat

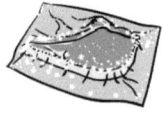

ອາຫານແຊ່ແຂງ

frozen food

ຊີ້ນເຢັນ

cold meat

ອາຫານກະປ໋ອງ

tinned food

ແຝ່ບຊັກເຄື່ອງ

washing powder

ເຂົ້າໜົມຫວານ

sweets

ຜະລິດຕະພັນໃນຄົວເຮືອນ

household products

ຜະລິດຕະພັນທໍາຄວາມສະອາດ

cleaning products

ພະນັກງານຂາຍຍ່ອງ

salesperson

ເຄື່ອງຄິດເງິນ

till

ພະນັກງານເກັບສິດ

cashier

ລາຍການຊື້ເຄື່ອງ

shopping list

ເວລາເປີດເຮັດວຽກ

opening hours

ກະເປົາເງິນ

wallet

ບັດເຄຣດິດ

credit card

ຖົງ

bag

ຖົງຢາງ

plastic bag

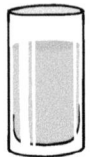

ນ້ຳ

water

ນ້ຳໝາກໄມ້

juice

ນົມ

milk

ໂຄກ

coke

ວາຍ

wine

ເບຍ

beer

ເຫຼົ້າ

alcohol

ໂກໂກ້

cocoa

ຊາ

tea

ກາເຟ

coffee

ເອສເປຣສໂຊ

espresso

ຄາປູຊິໂນ

cappuccino

ໝາກກ້ວຍ

banana

ແອັບເປິ້ນ

apple

ໝາກກ້ຽງ

orange

ໝາກໂມ

melon

ໝາກນາວ

lemon

ທິວກະຣິດ

carrot

ຜັກທຽມ

garlic

ຕົ້ນໄຜ່

bamboo

ຫອມບົ່ວ

onion

ເຫັດ

mushroom

ຖົ່ວ

nuts

ເສັ້ນໝີ່

noodles

ສະປາແກັດຕີ້

spaghetti

ເຂົ້າ

rice

ສະຫຼັດ

salad

ມັນຝຣັ່ງທອດ

chips

ມັນຝຣັ່ງທອດ

fried potatoes

ພິສຊາ

pizza

ແຮມເບີເກີ້

hamburger

ແຊນວິດຈ໌

sandwich

ຊີ້ນຕິດກະດູກ

cutlet

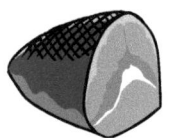

ແຮມ

ham

ໄສ້ກອກແທ້ງຊາລາມິ

salami

ໄສ້ກອກ

sausage

ໄກ່

chicken

ຍ້າງ

roast

ປາ

fish

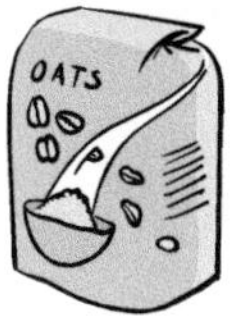

ເຂົ້າປຽກເຂົ້າໂອດ

porridge oats

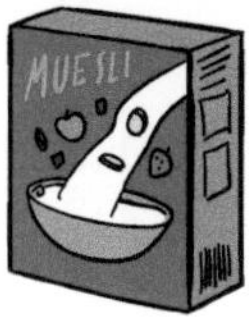

ອາຫານຊະນິດເປັນເມັດກອບ

muesli

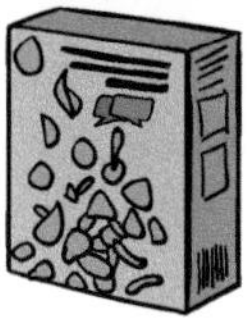

ເຂົ້າຊຽບເປັນປ່ຽງນ້ອຍໆ

cornflakes

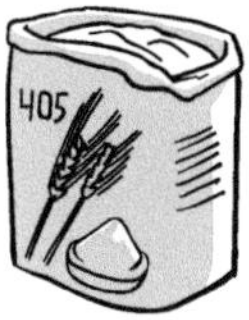

ເຂົ້າແປ້ງ

flour

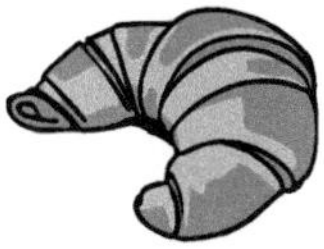

ເຂົ້າຈີ່ຊະນິດໜຶ່ງມີຮູບເດືອນເຄິ່ງ
ໜວຍ

croissant

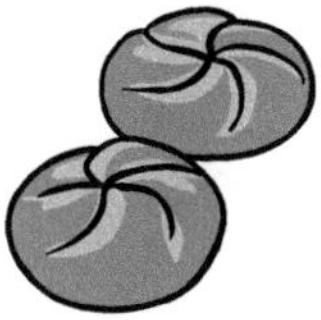

ເຂົ້າໜົມປັງແບບມ້ວນ

bread roll

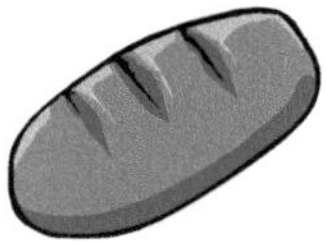

ເຂົ້າໜົມປັງ

bread

ເຂົ້າໜົມປັງປີ້ງ

toast

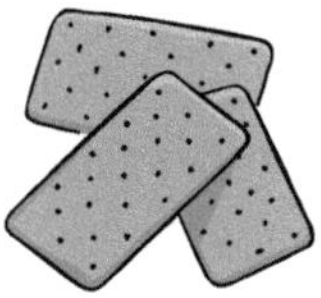

ເຂົ້າໜົມປັງຊະນິດກ້ອນນ້ອຍ

biscuits

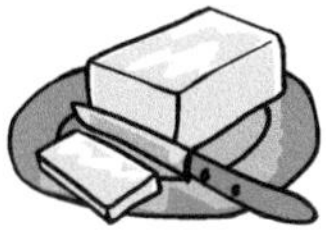

ເນີຍ

butter

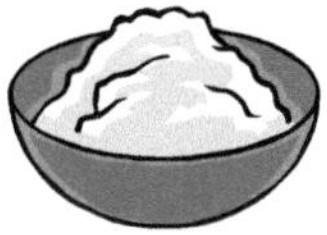

ນ້ຳນົມແຂ້ນ

curd

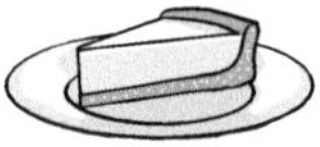

ເຄກ

cake

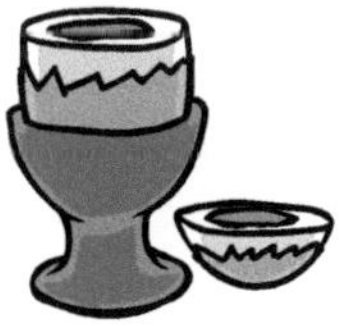

ໄຂ່

egg

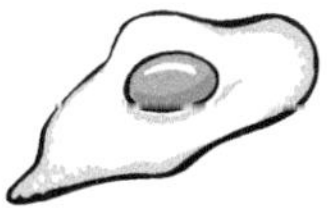

ໄຂ່ດາວ

fried egg

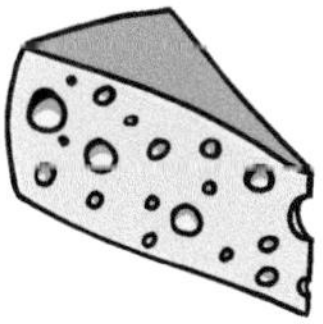

ເນີຍແຂງ

cheese

ກະແລ້ມ

ice cream

ນ້ຳຕານ

sugar

ນ້ຳເຜິ້ງ

honey

ແຍມ

jam

ຊ໊ອກໂກແລັດຄຣີມສະເປຣດ

chocolate spread

ກະລີ່

curry

ຟາມ

farm

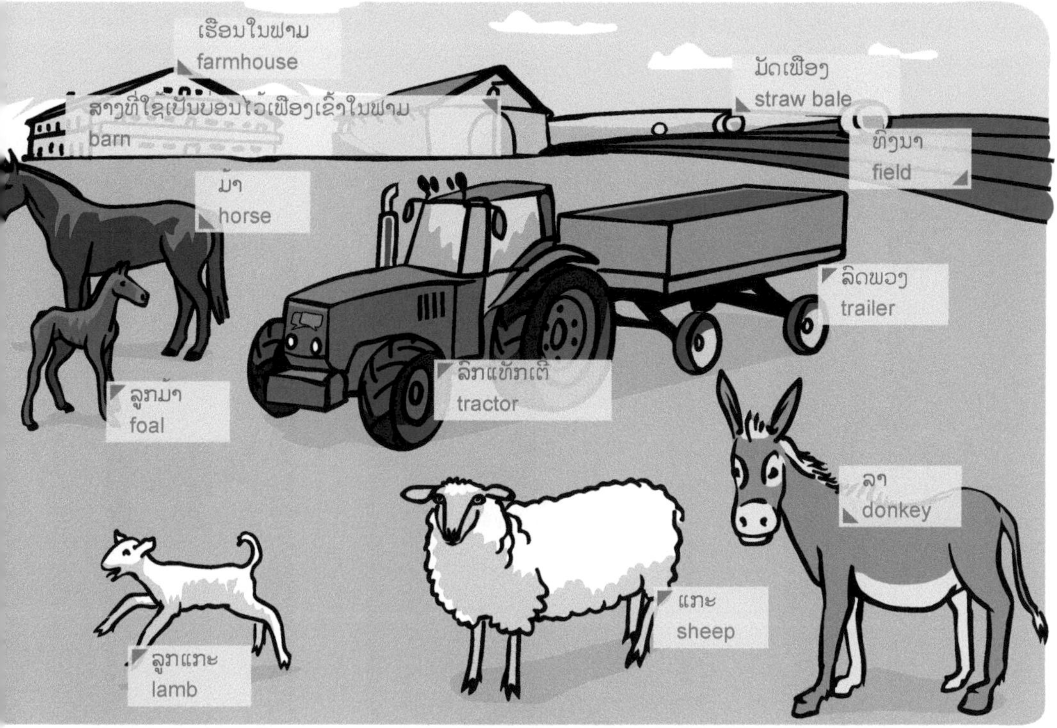
ເຮືອນໃນຟາມ
farmhouse
ສາງທີ່ໃຊ້ເປັນບ່ອນໄວ້ເຟືອງເຂົ້າໃນຟາມ
barn
ມັດເຟືອງ
straw bale
ທົ່ງນາ
field
ມ້າ
horse
ລົດພວງ
trailer
ລົດແທັກເຕີ
tractor
ລູກມ້າ
foal
ລາ
donkey
ແກະ
sheep
ລູກແກະ
lamb

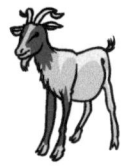

ແກະ

goat

ງົວຕົວແມ່

cow

ລູກງົວ

calf

ໝູ

pig

ລູກໝູ

piglet

ງົວຕົວຜູ້

bull

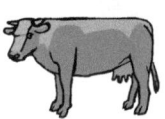

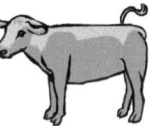

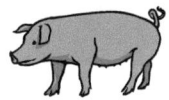

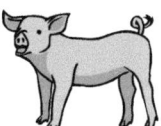

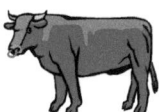

ຫ່ານ
goose

ເປັດ
duck

ລູກໄກ່
chick

ແມ່ໄກ່
hen

ໄກ່ຜູ້
cock

ຫນູ
rat

ແມວ
cat

ຫນູ
mouse

ງົວຕົວຜູ້
ox

ຫມາ
dog

ຄອກຫມາ
doghouse

ສາຍທໍ່ຍາງໆທີ່ໃຊ້ໃນສວນ
garden hose

ຂໍ້ຫົດຕົ້ນໄມ້
watering can

ກຽວດ້າມຍາວ
scythe

ຄັນໄຖ
plough

ກ່ຽວ

sickle

ຈົກ

hoe

ຄາດ

pitchfork

ຂວານ

axe

ລົດຍູ້ລ້ຽວ

wheelbarrow

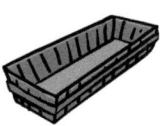

ຫາງລົນ

trough

ປ່ອງນົມ

milk can

ກະສອບ

sack

ຮົ້ວ

fence

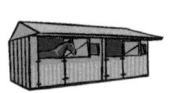

ຄອກມ້າ

stable

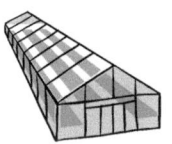

ເຮືອນກະຈົກ

greenhouse

ດິນ

soil

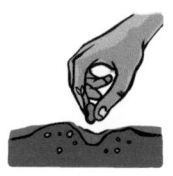

ແກ່ນ

seed

ປຸ໋ຍ

fertilizer

ເຄື່ອງກ່ຽວເຂົ້າ

combine harvester

ເກັບກ່ຽວ

harvest

ການເກັບກ່ຽວ

harvest

ເຜືອກ

yams

ເຂົ້າສາລີ

wheat

ຖົ່ວເຫຼືອງ

soy

ມັນຝັ່ງ

potato

ເຂົ້າໂພດ

corn

ດອກເຣພຊິດ

rapeseed

ຕົ້ນໄມ້ທີ່ອອກໝາກ

fruit tree

ມັນຕົ້ນ

cassava

ພິດຊະນິດເມັດ

cereals

ເຮືອນ
house

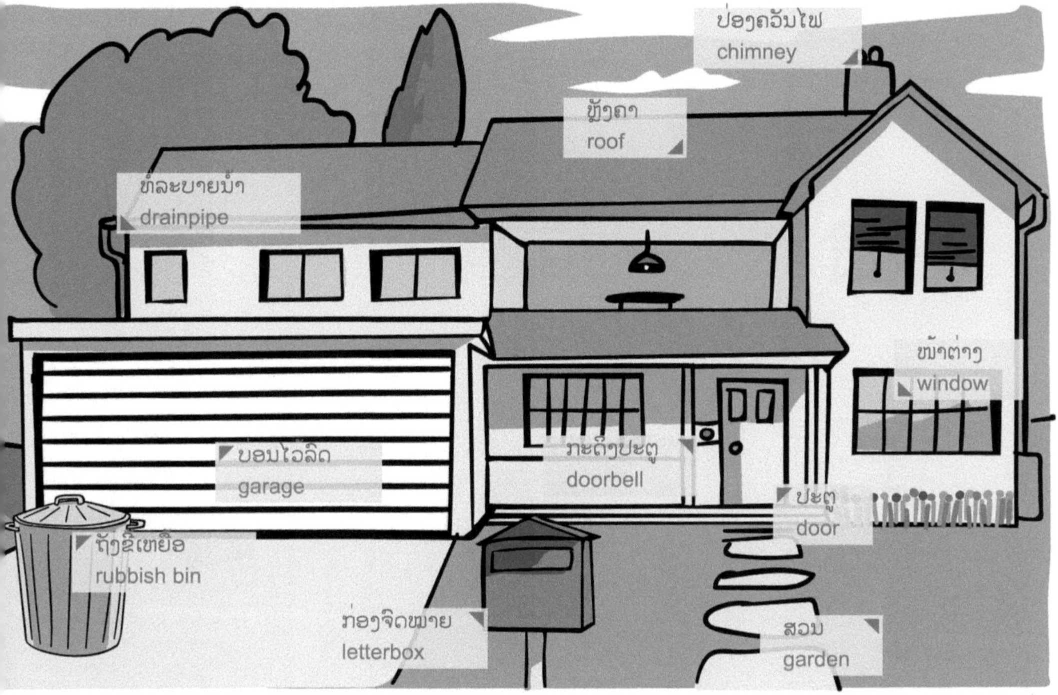

ປ່ອງຄວັນໄຟ
chimney
ຫຼັງຄາ
roof
ທໍ່ລະບາຍນໍ້າ
drainpipe
ໜ້າຕ່າງ
window
ບ່ອນໄວ້ລົດ
garage
ກະດິ່ງປະຕູ
doorbell
ປະຕູ
door
ຖັງຂີ້ເຫຍື້ອ
rubbish bin
ກ່ອງຈົດໝາຍ
letterbox
ສວນ
garden

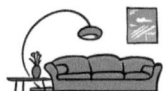

ຫ້ອງຮັບແຂກ

living room

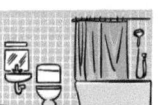

ຫ້ອງນໍ້າ

bathroom

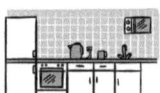

ຫ້ອງຄົວ

kitchen

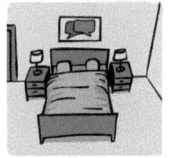

ຫ້ອງນອນ

bedroom

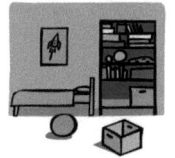

ຫ້ອງພັກສໍາລັບເດັກນ້ອຍ

child's room

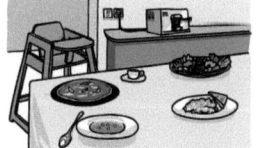

ຫ້ອງອາຫານ

dining room

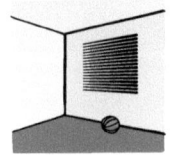

ພື້ນ

floor

ຝາຜະໜັງ

wall

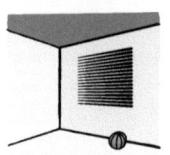

ເພດານ

ceiling

ຫ້ອງເກັບເຄື່ອງໃຕ້ດິນ

cellar

ຫ້ອງອົບອາຍນ້ຳ

sauna

ລະບຽງ

balcony

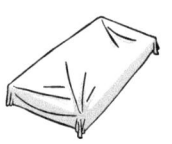

ຊຸ້ມຕາກຂ້າງພູ

terrace

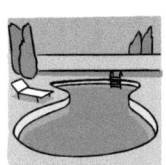

ສະລອຍນ້ຳ

pool

ເຄື່ອງຕັດຫຍ້າ

lawn mower

ຜ້າຍູບ່ອມນອນ

sheet

ຜ້າຍູຕຽງ

bedspread

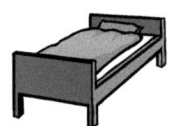

ຕຽງ

bed

ຟອຍ

broom

ຖຸ

bucket

ສະວິຕ

switch

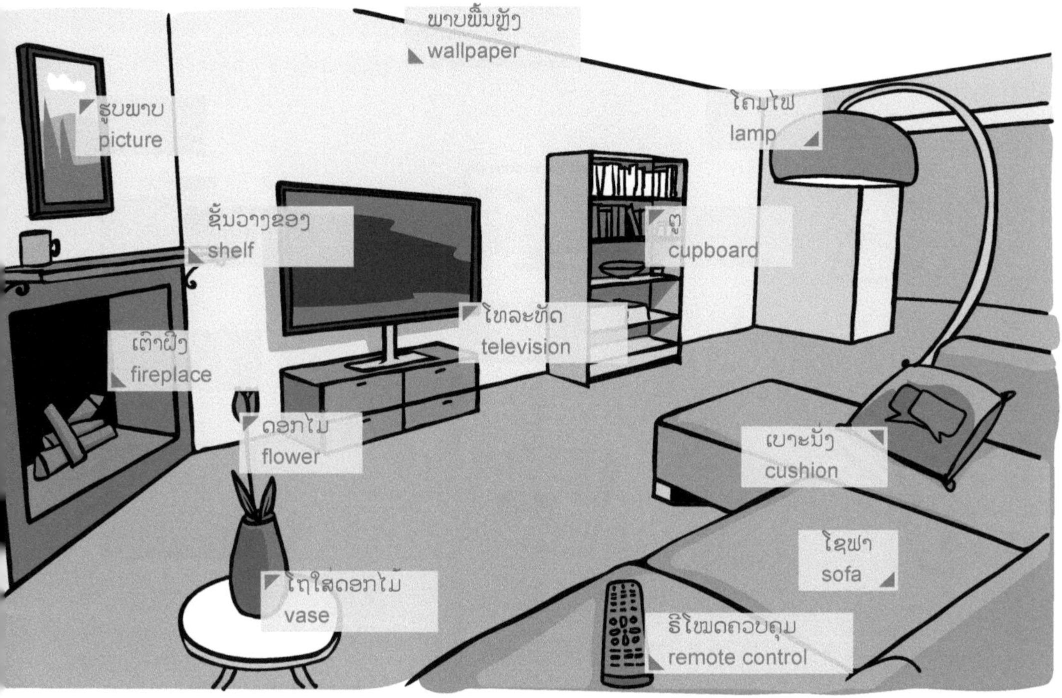

ພາບພຶ້ນຝ້າ
wallpaper

ໂຄມໄຟ
lamp

ຮູບພາບ
picture

ຊັ້ນວາງຂອງ
shelf

ຕູ້
cupboard

ເຕົາຜີງ
fireplace

ໂທລະທັດ
television

ດອກໄມ້
flower

ເບາະນັ່ງ
cushion

ໂຊຟາ
sofa

ໂຖໃສ່ດອກໄມ້
vase

ຣີໂມດຄວບຄຸມ
remote control

ພິມປູພື້ນ
carpet

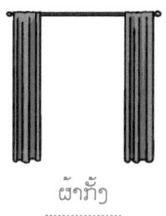

ຜ້າກັ້ງ
curtain

ໂຕະ
table

ຕັ່ງນັ່ງ
chair

ຕັ່ງນັ່ງແບບໂຍກໄດ້
rocking chair

ຕັ່ງນັ່ງທີ່ມີບ່ອນວາງແຂນ
armchair

ໜັງສື

book

ຜ້າຫົ່ມ

blanket

ຂອງຕົກແຕ່ງ

decoration

ຟືນ

firewood

ຮູບເງົາ

film

ເຄື່ອງສຽງລະບົບໄຮໄຟ

hi-fi equipment

ກະແຈ

key

ໜັງສືພິມ

newspaper

ການແຕ້ມຮູບ

painting

ໂປສເຕີ

poster

ວິທະຍຸ

radio

ແຜ່ນບັນທຶກ

notepad

ເຄື່ອງດູດຝຸ່ນ

hoover

ຕົ້ນກະບອງເພັດ

cactus

ທຽນໄຂ

candle

ຫອງຄົວ

kitchen

ຕູ້ເຢັນ
fridge
ເຕົາໄມໂຄຣເວຟ
microwave oven
ເຄື່ອງຊັ່ງນ້ຳໜັກອາຫານ
kitchen scales
ເຄື່ອງປີ້ງເຂົ້າຈີ່
toaster
ສະບູຝຸ່ນ
detergent
ເຕົາອົບ
oven
ຊອງແຂງໃນຕູ້ເຢັນ
freezer
ຖັງຂີ້ເຫຍື້ອ
rubbish bin
ຈັກລ້າງຖ້ວຍ
dishwasher

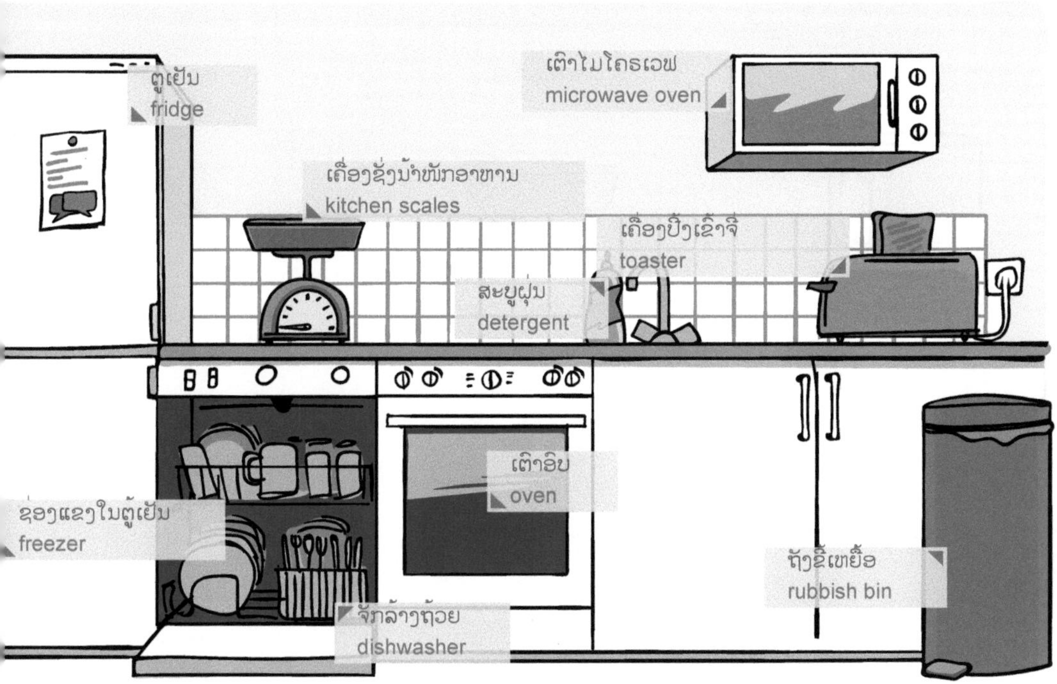

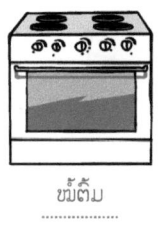

ໝໍ້ຕົ້ມ

cooker

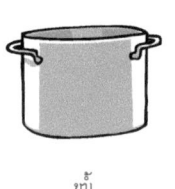

ໝໍ້

pot

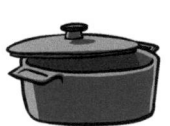

ໝໍ້ເຫຼັກຫຼໍ່

cast-iron pot

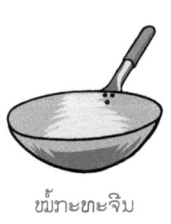

ໝໍ້ກະທະຈີນ

wok / kadai

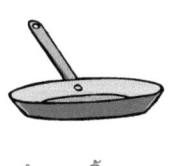

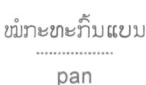

ໝໍກະທະກົ້ນແບນ

pan

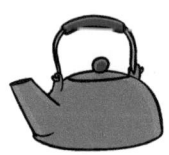

ກາຕົ້ມນ້ຳ

kettle

ໝໍ້ໄອໜ້າ

steamer

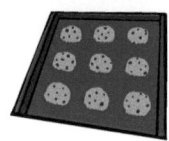

ຖາດອົບ

baking tray

ເຄື່ອງຖ້ວຍຊາມ

crockery

ຈອກທົມ

mug

ຖ້ວຍ

bowl

ໄມ້ທູ່

chopsticks

ຈອງດ້າມຍາວ

ladle

ຕະຫຼິວ

spatula

ເຄື່ອງຕີໄຂ່

whisk

ກະຊອນ

strainer

ເຄື່ອງຮ່ອນ

sieve

ເຫຼັກຂູດ

grater

ຄຶກ

mortar

ບາບີຄິວ

barbecue

ແຄມໄຟຫຼາຈອນ

open fire

ຂຽງ

chopping board

ໄມ້ບົດແປ້ງ

rolling pin

ເຫຼັກໄຂຄອມແກ້ວ

corkscrew

ກະປ໋ອງ

can

ເຄື່ອງເປີດກະປ໋ອງ

can opener

ຖົງມືຈັບຂອງຮ້ອນ

pot holder

ອ່າງລ້າງຈານ

sink

ແປງ

brush

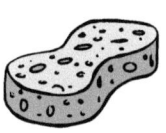

ຟອງນ້ຳ

sponge

ເຄື່ອງປັ່ນ

blender

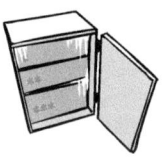

ຕູ້ແຊ່ແຂງ

deep freezer

ຂວດນົມ

baby bottle

ກ໊ອກນ້ຳ

tap

ຫອງນ້ຳ

bathroom

ເຄື່ອງທຳຄວາມຮ້ອນ
heating
ຜ້າເຊັດໂຕ
towel
ສະບູທຳຟອງ
bubble bath
ອ່າງອາບນ້ຳ
bathtub
ຈັກຊັກຜ້າ
washing machine
ກະເບື້ອງ
tiles
ງັ່ງຍ່ຽວ
potty
ຝັກບົວ
shower
ຜ້າກັ້ງຫ້ອງນ້ຳ
shower curtain
ຈອກແກ້ວ
glass
ກ໊ອກນ້ຳ
tap
ອ່າງລ້າງຈານ
sink

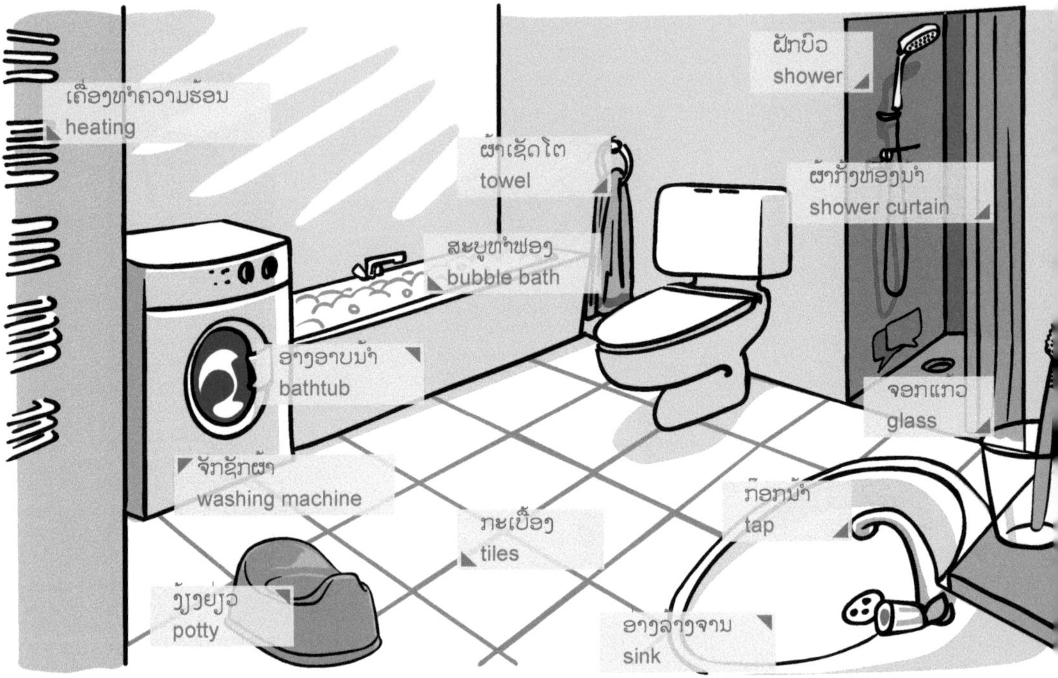

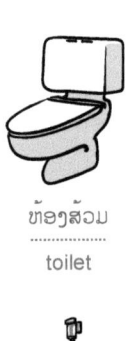

ຫ້ອງສ້ວມ

toilet

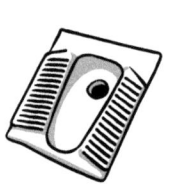

ໂຖສ້ວມແບບນັ່ງຍອງ

squat toilet

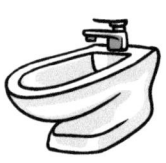

ໂຖຍ່ຽວຂອງຜູ້ຍິງ

bidet

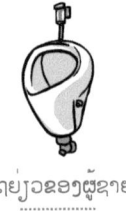

ໂຖຍ່ຽວຂອງຜູ້ຊາຍ

urinal

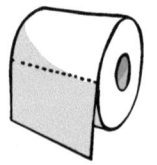

ກະດາດຊຳລະທີ່ໃຊ້ໃນຫ້ອງນ້ຳ

toilet paper

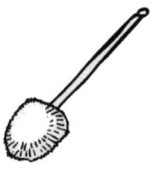

ແປງຂັດຫ້ອງນ້ຳ

toilet brush

ແປງສີຟັນ

toothbrush

ຍາສີຟັນ

toothpaste

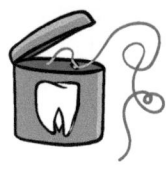

ໄໝຂັດແຂ້ວ

dental floss

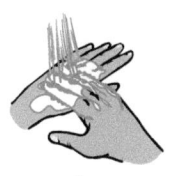

ລ້າງ

wash

ຝັກບົວອາບນ້ຳທີ່ໃຊ້ມືຈັບ

handheld shower

ເຄື່ອງສີດລ້າງ

douche

ອ່າງລ້າງໜ້າ

basin

ແປງຖູຫັວ

back brush

ສະບູ

soap

ເຈລອາບນ້ຳ

shower gel

ແຊມພູ

shampoo

ຜ້າຖູໂຕນ້ອຍ

flannel

ທໍ່ລະບາຍນ້ຳເສຍ

drain

ຄີມ

cream

ຍາດັບກິ່ນ

deodorant

ແອ່ນແຍງ
mirror

ແອ່ນມືຖື
hand mirror

ມີດແຖຫນວດ
razor

ໂຟມແຖຫນວດ
shaving foam

ໂລຊັ່ນບຳລຸຜິວຫຼັງແຖຫນວດ
aftershave

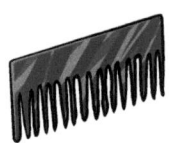

ຫວີ
comb

ແປງ
brush

ຈັກເປົ່າຜົມ
hair dryer

ສະເປຂີດຜົມ
hairspray

ຊຸດເຄື່ອງສຳອາງ
makeup

ລິບສະຕິກທາສົບ
lipstick

ນ້ຳຍາທາເລັບ
nail varnish

ສຳລີ
cotton wool

ມີດຕັດເລັບ
nail scissors

ນ້ຳຫອມ
perfume

ກະເປົ໋າອາບນ້ຳ
washbag

ຕັ່ງສາມຂາ
stool

ເຄື່ອງຊັ່ງນ້ຳໜັກ
weighing scale

ເສື້ອຄຸມອາບນ້ຳ
bathrobe

ຖົງມືຢາງ
rubber gloves

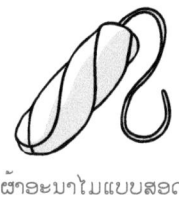

ຜ້າອະນາໄມແບບສອດ
tampon

ຜ້າອະນາໄມ
sanitary towel

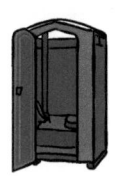

ຫ້ອງນ້ຳເຄມີ
chemical toilet

ຫ້ອງພັກສຳລັບເດັກນ້ອຍ

child's room

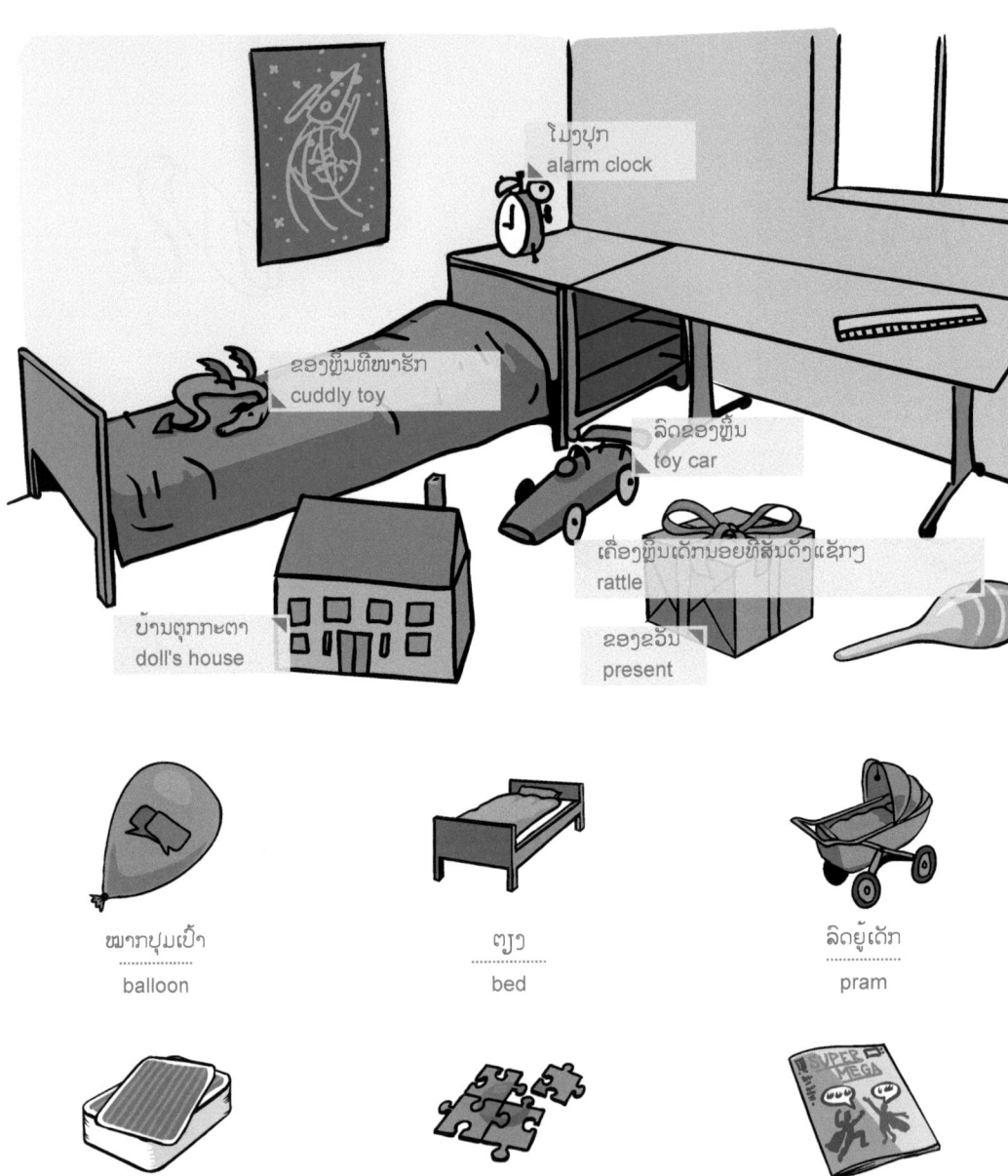

ໂມງປຸກ
alarm clock

ຂອງຫຼິ້ນທີ່ພາຮັກ
cuddly toy

ລົດຂອງຫຼິ້ນ
toy car

ເຄື່ອງຫຼິ້ນເດັກນ້ອຍທີ່ສັ່ນດັງແຊ້ກໆ
rattle

ບ້ານຕຸກກະຕາ
doll's house

ຂອງຂວັນ
present

ໝາກບຸມເບ້ົາ balloon	ຕຽງ bed	ລົດຍູ້ເດັກ pram
ຊຸມໄພ້ deck of cards	ຈິກຊໍ jigsaw	ໜັງສືກາຕູນ comic

ຕິວຕໍ່ເລໂກ້

lego bricks

ບລ໊ອກຂອງຫຼິ້ນ

building blocks

ຮູບປັ້ນທີ່ເຄື່ອນໄຫວໄດ້

action figure

ເສື້ອຜ້າເດັກເກີດໃໝ່

babygrow

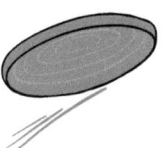

ຈານບິນ

frisbee

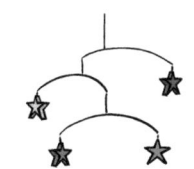

ສິ່ງທີ່ແກວ່ງໄປມາແຂວນຢູ່ເທິງຫົວ
ຕຽງເດັກນ້ອຍ

mobile

ເກມກະດານ

board game

ໝາກກະລ໊ອກ

dice

ຊຸດລົດໄຟຈຳລອງ

model train set

ຮູບທຸ່ມ

dummy

ງານລ້ຽງ

party

ໜັງສືພາບ

picture book

ໝາກບານ

ball

ຕຸກກະຕາ

doll

ຫຼິ້ນ

play

ຊຸມດິນຊາຍສຳລັບເດັກນ້ອຍຫຼິ້ນ

sandpit

ຊິງຊ້າ

swing

ຂອງຫຼິ້ນ

toys

ເຄື່ອງຫຼິ້ນວິດີໂອເກມ

video game console

ລົດຖີບສາມລໍ້

tricycle

ຕຸກກະຕາໝີ

teddy bear

ຕູ້ເສື້ອຜ້າ

wardrobe

ລອງເທົ້າ

socks

ຖົງເທົ້າຍາວຜູ້ຍິງ

stockings

ໂສ້ງຢືດແບບເນື້ອ

tights

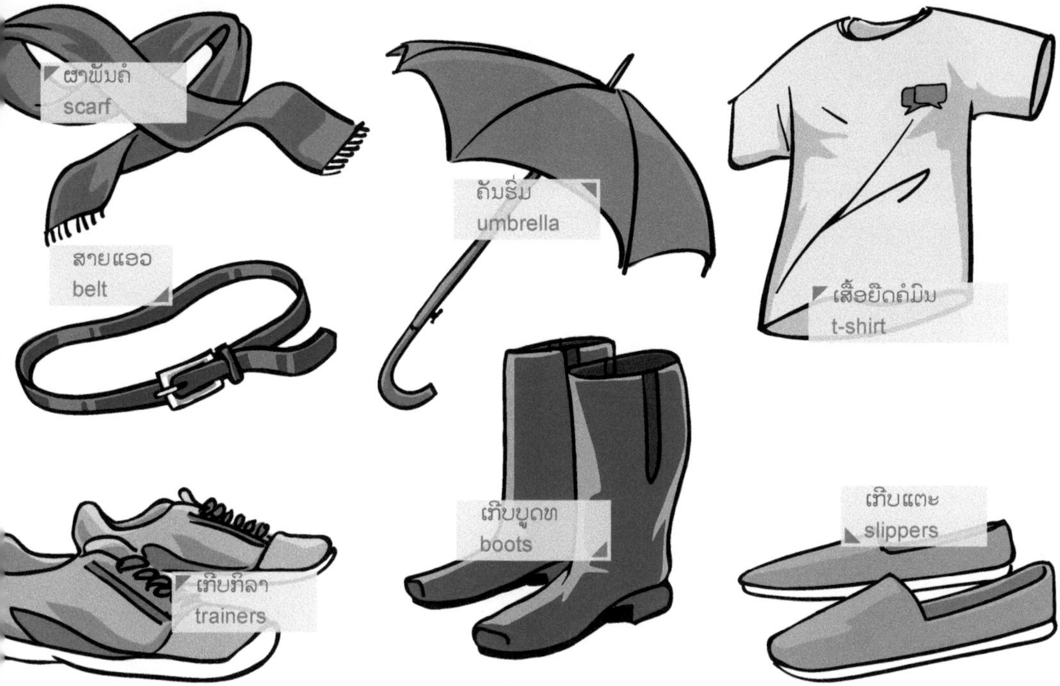

ຜາພັນຄໍ
scarf

ຄັນຮົ່ມ
umbrella

ສາຍແອວ
belt

ເສື້ອຍຶດຄໍມົນ
t-shirt

ເກີບກິລາ
trainers

ເກີບບູດທ
boots

ເກີບແຕະ
slippers

ເກີບຮ້ອດດາມ
sandals

ເກີບ
shoes

ເກີບບູດທ໌ຢາງ
rubber boots

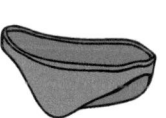

ໂສ້ງຊ້ອນໃນ
underpants

ເສື້ອຊ້ອນໃນ
bra

ເສື້ອກ້າມ
vest

ເສື້ອຮັດທຸ່ນ

body

ໂສ້ງຂາຍາວ

trousers

ໂສ້ງຢືນ

jeans

ກະໂປ່ງ

skirt

ເສື້ອຜູ້ຍິງ

blouse

ເສື້ອເຊີດ

shirt

ເສື້ອກັນໜາວ

pullover

ເສື້ອຄຸມມີໝວກ

hoodie

ເສື້ອໃຫຍ່ທີ່ຕິດກາໂຮງຮຽນຫຼືກາທິ
ມກິລາ

blazer

ເສື້ອແຈັກເກັດ

jacket

ເສື້ອນອກ

coat

ເສື້ອກັນຝົນ

raincoat

ເຄື່ອງແຕ່ງກາຍ

costume

ກະໂປ່ງ

dress

ຊຸດແຕ່ງງານ

wedding dress

ເສື້ອສູດ
suit

ຊຸດລາຕິ
nightgown

ຊຸດນອນ
pyjamas

ຊຸດຊາຣິ
sari

ຜ້າຄຸມຫົວ
headscarf

ຜ້າພັນຫົວ
turban

ເສື້ອບຸຖເຄາະ
burqa

ເສື້ອຄຸມຄາຟຕານ
kaftan

ເສື້ອຄຸມອາບາຢາ
abaya

ຊຸດລອຍນ້ຳ
swimsuit

ໂສ້ງໃສ່ລອຍນ້ຳ
trunks

ໂສ້ງຂາສັ້ນ
shorts

ຊຸດວອມ
tracksuit

ຜ້າກັນເປື້ອນ
apron

ຖົງມື
gloves

ກະດຸມ

button

ແວ່ນຕາ

glasses

ປອກແຂນ

bracelet

ສ້ອຍຄໍ

necklace

ແຫວນ

ring

ຕຸ້ມຫູ

earring

ໝວກແກ໊ບ

cap

ກ້າງແຂວນເສື້ອນອກ

coat hanger

ໝວກ

hat

ກາລະຫວັດ

tie

ຊິບ

zip

ໝວກກັນກະທົບ

helmet

ສາຍໂຍງໂສ້ງ

braces

ຊຸດນັກຮຽນ

school uniform

ເຄື່ອງແບບ

uniform

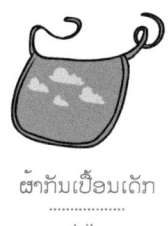

ຜ້າກັນເປື້ອນເດັກ

bib

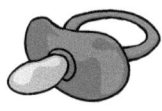

ຮູບຫຸ່ນ

dummy

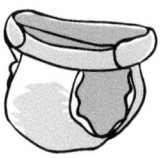

ຜ້າອ້ອມ

nappy

ຫອງການ

office

ເຊີບເວີ
server
ຕູ້ເອກະສານ
filing cabinet
ເຄື່ອງພິມ
printer
ເຈ້ຍ
paper
ຈໍພາບ
monitor
ໂຕະເຮັດວຽກ
desk
ເມົາ
mouse
ແຟ້ມເອກະສານ
folder
ແປ້ນພິມ
keyboard
ກະຕາໃສເສດເຈຍ
waste-paper basket
ຄອມພິວເຕີ
computer
ຕັງນັງ
chair

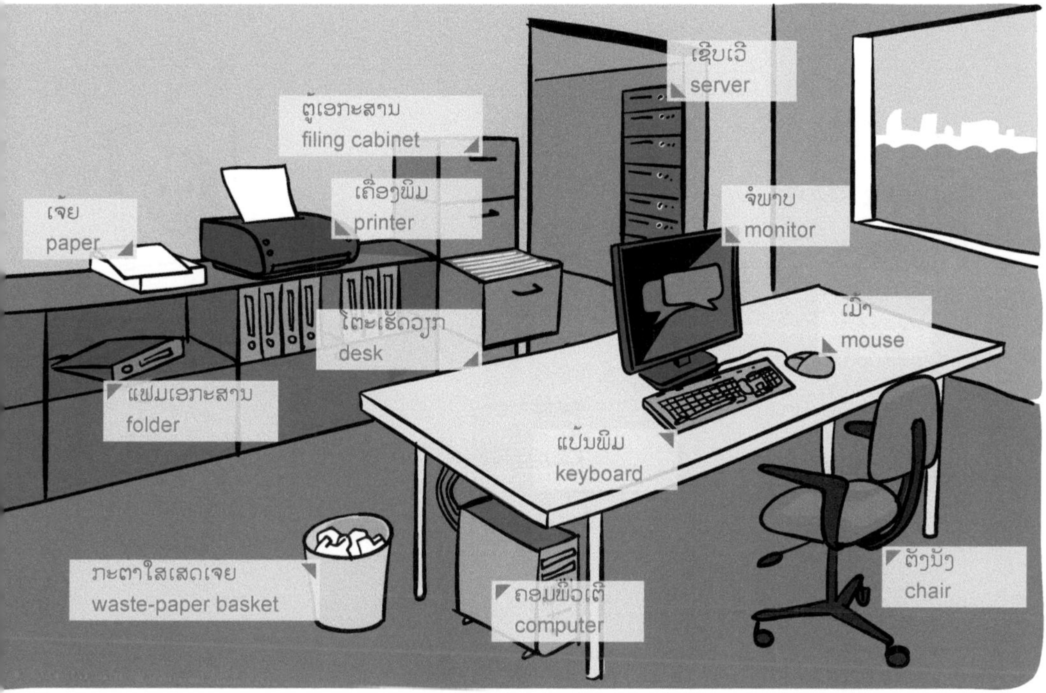

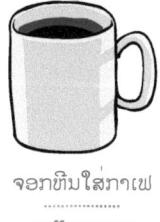

ຈອກທິນໃສ່ກາເຟ

coffee mug

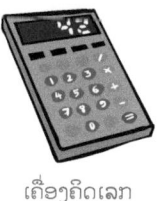

ເຄື່ອງຄິດເລກ

calculator

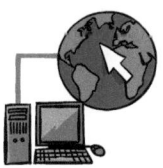

ອິນເຕີເນັດ

internet

ຄອມພິວເຕີແລັບທ້ອບ

laptop

ຈົດໝາຍ

letter

ຂໍ້ຄວາມ

message

ໂທລະສັບມືຖື

mobile

ເຄືອຂ່າຍ

network

ເຄື່ອງຖ່າຍເອກະສານ

photocopier

ຊອບແວ

software

ໂທລະສັບ

telephone

ປັກໄຟ

plug socket

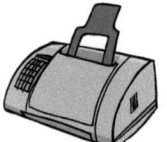

ເຄື່ອງແຟັກ

fax machine

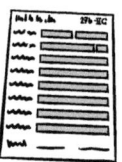

ແບບຟອມ

form

ເອກະສານ

document

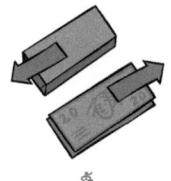

ຊື້

buy

ຈ່າຍ

pay

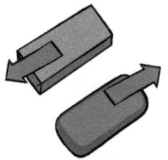

ຄ້າຂາຍ

trade

ເງິນ

money

USD

ເງິນດອມລາ

dollar

EUR

ເງິນຍູໂຣ

euro

JPY

ເງິນເຢນ

yen

RUB

ເງິນຣູເບິລ

rouble

CHF

ເງິນຝຣັງສະວິດ

Swiss franc

CNY

ເງິນຢວນເຣິນພິນບີ້

renminbi yuan

INR

ເງິນຣູປີ

rupee

ເຄື່ອງສາລັບກົດເງິນສົດຈາກທະນາຄານ

cashpoint

ບ່ອນແລກປ່ຽນເງິນຕາ

bureau de change

ທອງຄຳ

gold

ເງິນ

silver

ນ້ຳມັນ

oil

ພະລັງງານ

energy

ລາຄາ

price

ສັນຍາ

contract

ພາສີ

tax

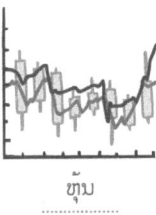

ຫຸ້ນ

stock

ເຮັດວຽກ

work

ລູກຈ້າງ

employee

ນາຍຈ້າງ

employer

ໂຮງງານ

factory

ຮ້ານຄ້າ

shop

ອາຊີບ
occupations

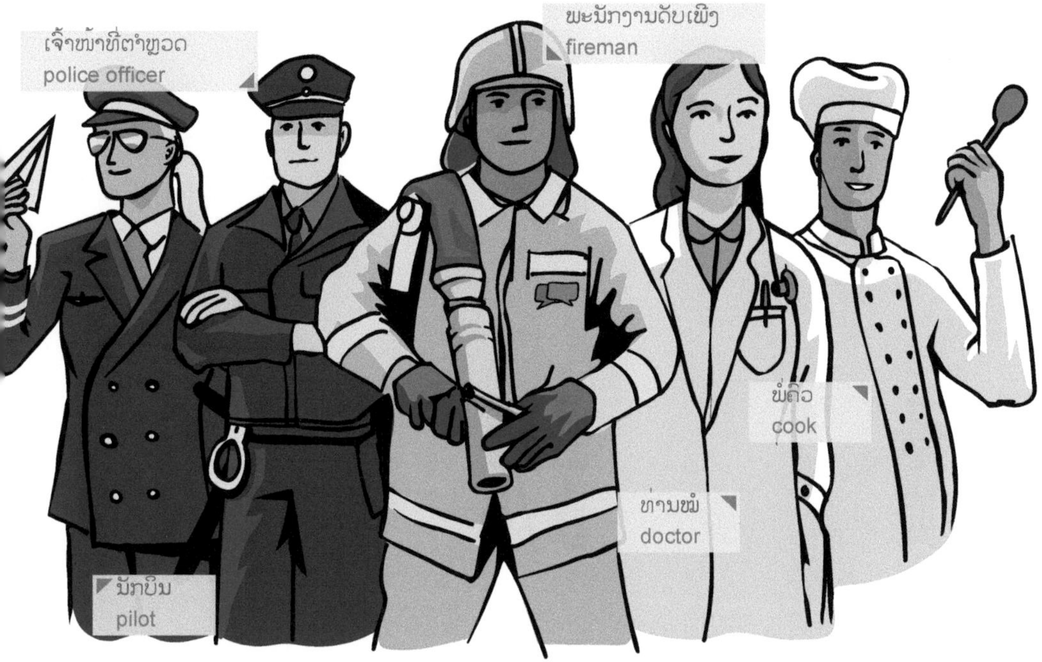
ເຈົ້າໜ້າທີ່ຕຳຫຼວດ
police officer
ພະນັກງານດັບເພີງ
fireman
ພໍ່ຄົວ
cook
ທ່ານໝໍ
doctor
ນັກບິນ
pilot

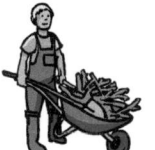

ຊາວສວນ

gardener

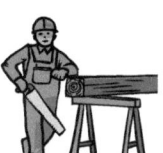

ຊ່າງໄມ້

carpenter

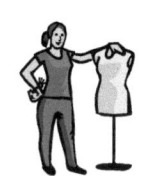

ຊ່າງຫຍິບຜ້າທີ່ເປັນຜູ້ຍິງ

seamstress

ຜູ້ພິພາກສາ

judge

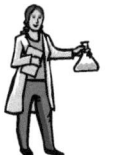

ນັກເຄມີ

chemist

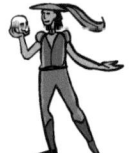

ນັກສະແດງຊາຍ

actor

ຄົນຂັບລົດເມປະຈຳທາງ

bus driver

ຄົນຂັບແທັກຊິ

taxi driver

ຊາວປະມົງ

fisherman

ແມ່ບ້ານທຳຄວາມສະອາດ

cleaning lady

ຊ່າງມຸງຫົວຄາ

roofer

ຄົນເສີບຂາຍ

waiter

ນາຍພານ

hunter

ຊ່າງທາສີ

painter

ຄົນເຮັດເຂົ້າໜົມປັງ

baker

ຊ່າງໄຟຟ້າ

electrician

ຊ່າງກໍ່ສ້າງ

builder

ວິສະວິກອນ

engineer

ຄົນຂາຍຊີ້ນ

butcher

ຊ່າງນ້ຳປະປາ

plumber

ບູລຸດໄປສະນີ

postman

ທະຫານ

soldier

ສະຖາປະນິກ

architect

ພະນັກງານເກັບສິດ

cashier

ຄົນຂາຍດອກໄມ້

florist

ຊ່າງແຕ່ງຜົມ

hairdresser

ພະນັກງານກວດປີ້ລົດ

conductor

ຊ່າງສ້ອມລົດຍົນ

mechanic

ຜູ້ບັງຄັບການ

captain

ໝໍປົວແຂ້ວ

dentist

ນັກວິທະຍາສາດ

scientist

ພະໃນສາສະໜາຢິວ

rabbi

ຜູ້ນຳຊາວມຸສລິມ

imam

ຕຸບາ

monk

ນັກບວດ

clergyman

ເຄືອງມື

tools

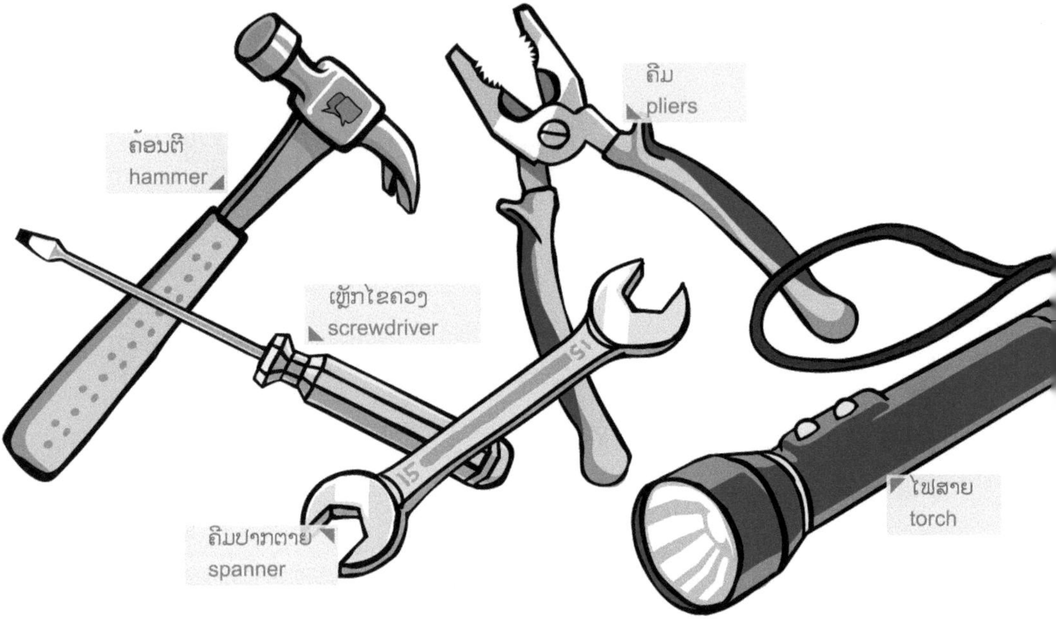

ຄ້ອນຕີ
hammer
ຄີມ
pliers
ເຫຼັກໄຂຄວງ
screwdriver
ຄີມປາກຕາຍ
spanner
ໄຟສາຍ
torch

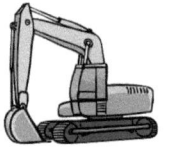

ເຄື່ອງຂູດ

digger

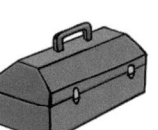

ກັບເຄື່ອງມື

toolbox

ຂັ້ນໄດ

ladder

ເລື່ອຍ

saw

ຕະປູ

nails

ເຫຼັກຊີ

drill

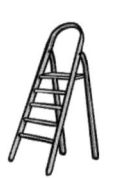

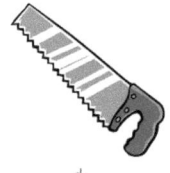

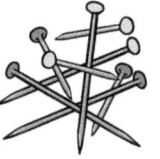

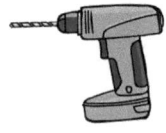

ສ້ອມແປງ

repair

ຊ້ວນ

shovel

ຕາຍທ່າ!

Damn!

ຂອງຊ້ວນຂີ້ເຫຍື້ອ

dustpan

ຖັງສີ

paint pot

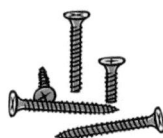

ຕະປູກຽວ

screws

ເຄື່ອງດົນຕີ
musical instruments

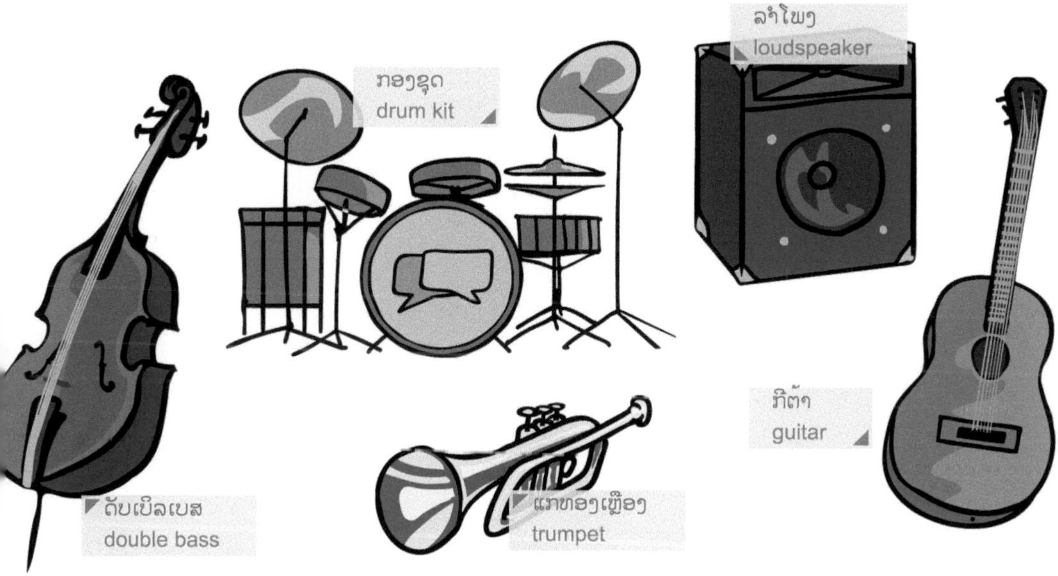

ກອງຊຸດ
drum kit

ລຳໂພງ
loudspeaker

ກີຕ້າ
guitar

ດັບເບີລເບສ
double bass

ແກາຫຍງເຜີອງ
trumpet

ເປຍໂນ
piano

ໄວໂອລິນ
violin

ເບສ
bass

ກອງທິມປານິ
timpani

ກອງຊຸດ
drums

ຄີບອດ
keyboard

ແຊັກໂຊໂຟນ
saxophone

ຂຸ່ຍ
flute

ໄມໂຄຣໂຟນ
microphone

ສວນສັດ

ZOO

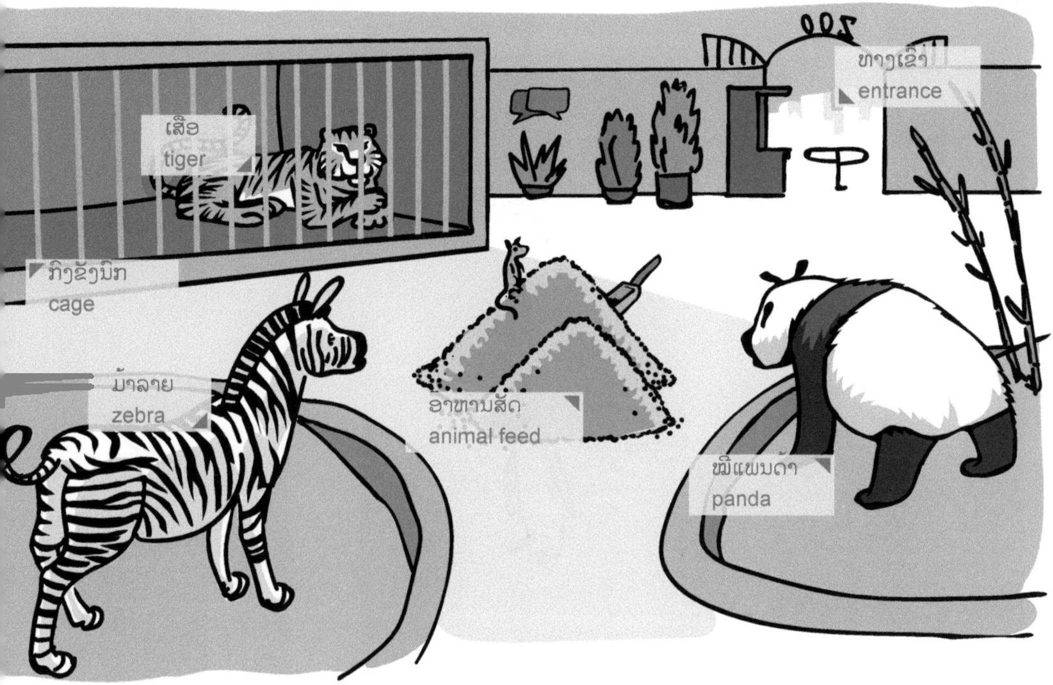
ເສືອ
tiger
ທາງເຂົ້າ
entrance
ກົງຂັງນົກ
cage
ມ້າລາຍ
zebra
ອາຫານສັດ
animal feed
ໝີແພນດາ
panda

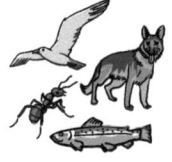

ສັດ

animals

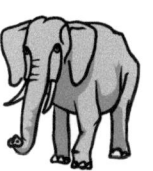

ຊ້າງ

elephant

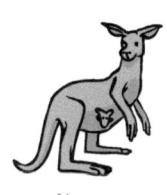

ກັງກາຣູ

kangaroo

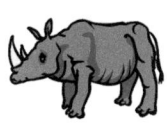

ແຮດ

rhino

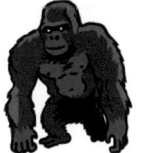

ລິງໂທນໃຫຍ່

gorilla

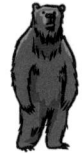

ໝີ

bear

ອູດ

camel

ນົກກະຈອກເທດ

ostrich

ສິງໂຕ

lion

ລີງ

monkey

ນົກຟລາມິງໂກ

flamingo

ນົກແກ້ວ

parrot

ໝີຂົ້ວໂລກ

polar bear

ນົກເພັນກວິນ

penguin

ປາສະຫຼາມ

shark

ນົກຍູງ

peacock

ງູ

snake

ແຂ້

crocodile

ຜູ້ເບິ່ງແຍງສວນສັດ

zookeeper

ແມວນ້ຳ

seal

ເສືອຈາກົວ

jaguar

ມ້າພັນນ້ອຍ
....
pony

ເສືອດາວ
....
leopard

ຮິບໂປ
....
hippo

ໂຕຈິຣາຟ
....
giraffe

ໜຽວ
....
eagle

ໝູປ່າຕົວຜູ້
....
boar

ປາ
....
fish

ເຕົ່າ
....
turtle

ຊ້າງນ້ຳ
....
walrus

ໝາຈອກ
....
fox

ກວາງນ້ອຍ
....
gazelle

sports

ອາເມລິກັນຟຸດບອມ
American football

ຂີ່ລົດຖີບ
cycling

ກິລາເທນນິສ
tennis

ບັສເກັດບອລ
basketball

ກິລາລອຍນ້ຳ
swimming

ຊົກມວຍ
boxing

ກິລາຕີຄືເຄິ່ມນ້ຳແຂງ
ice hockey

ກິລາເຕະບານ
football

ກິລາຕີດອກປີກໄກ່
badminton

ກິລາປະເພດ ແລ່ນ
ເຕັ້ນແລະແກວງ
athletics

ແຮນບອລ
handball

ກິລາສະກີ້
skiing

ກິລາໂປໂລນ້ຳ
polo

ຫົວ
laugh

ໂດດ
jump

ກອດ
hug

ຍ່າງ
walk

ຮ້ອງເພງ
sing

ຝັນ
dream

ໄຫວ້ພະ / ສວດມົນ
pray

ຈູບ
kiss

ຂຽນ
write

ແຕ້ມ
draw

ສະແດງ
show

ຍູ້
push

ໃຫ້
give

ເອົາໄປ
take

ມີ

have

ເຮັດ

do

ເປັນ

be

ຢືນ

stand

ແລ່ນ

run

ດຶງ

pull

ໂຍນ

throw

ລົ້ມ

fall

ນອນຢຽດ

lie

ລໍຖ້າ

wait

ຖື

carry

ນັ່ງ

sit

ແຕ່ງຕົວ

get dressed

ນອນຫຼັບ

sleep

ຕື່ນນອນ

wake up

ເບິ່ງ
....
look at

ຮ້ອງໄຫ້
....
cry

ລູບ
....
stroke

ຫວີຜົມ
....
comb

ລົມ
....
talk

ເຂົ້າໃຈ
....
understand

ຖາມຖາມ
....
ask

ຟັງ
....
listen

ດື່ມ
....
drink

ກິນ
....
eat

ຈັດໃຫ້ເປັນລະບຽບ
....
tidy up

ຮັກ
....
love

ຖົວກິນ
....
cook

ຮັບລິດ
....
drive

ບິນ
....
fly

ແລ່ນເຮືອ

sail

ຄິດໄລ່

calculate

ອ່ານ

read

ຮຽນຮູ້

learn

ເຮັດວຽກ

work

ແຕ່ງງານ

marry

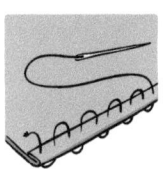

ທຍິບ

sew

ແປງຟັນ

brush teeth

ຂ້າ

kill

ສູບຢາ

smoke

ສົ່ງ

send

ແມ່ເຖົ້າ
grandmother

ພໍ່ເຖົ້າ
grandfather

ພໍ່
father

ແມ່
mother

ເດັກເກີດໃໝ່
baby

ລູກສາວ
daughter

ລູກຊາຍ
son

ແຂກ

guest

ປ້າ

aunt

ລຸງ

uncle

ອ້າຍນ້ອງ

brother

ເອື້ອຍນ້ອງ

sister

ຮາງກາຍ

body

ໜາຜາກ
forehead
ຕາ
eye
ບ່າໄຫຼ່
shoulder
ນິ້ວມື
finger
ໃບໜ້າ
face
ຄາງ
chin
ມື
hand
ຂາ
leg
ໜ້າເອິກ
breast
ແຂນ
arm

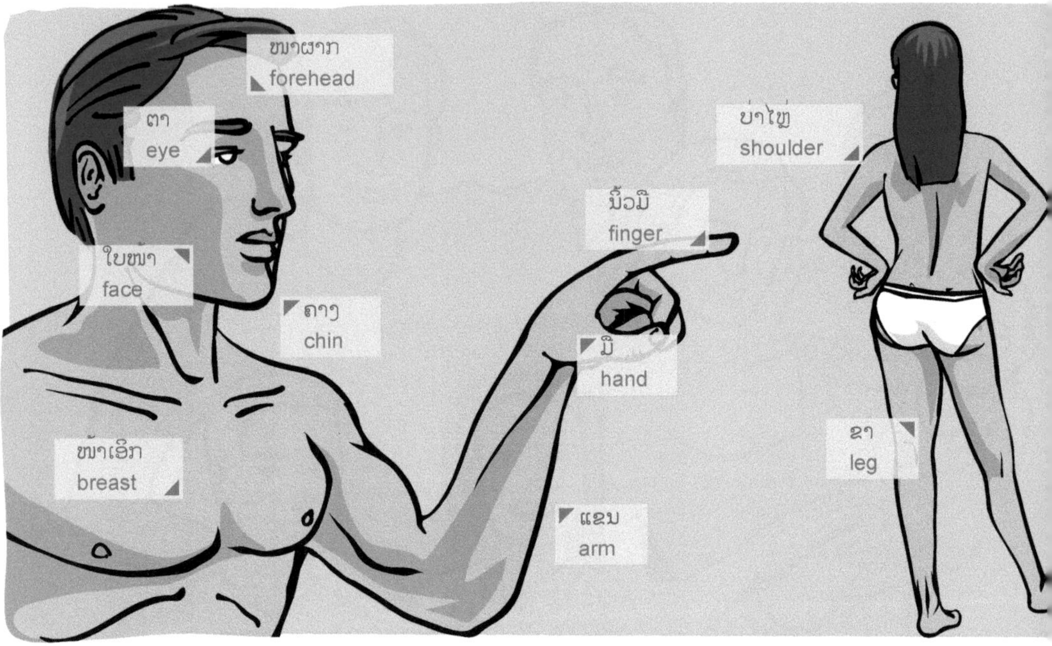

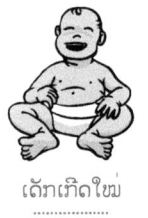

ເດັກເກີດໃໝ່

baby

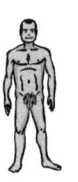

ຜູ້ຊາຍ

man

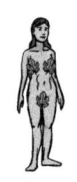

ຜູ້ຍິງ

woman

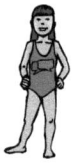

ເດັກຍິງ

girl

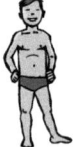

ເດັກຊາຍ

boy

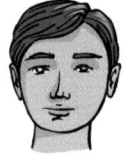

ຫົວ

head

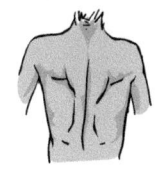

ຫຼັງ
....
back

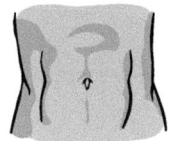

ທ້ອງ
....
belly

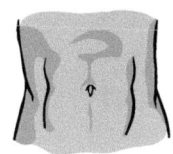

ສະບື
....
belly button

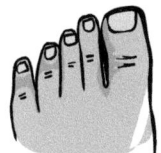

ນິ້ວຕິນ
....
toe

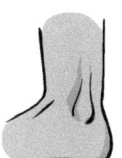

ສົ້ນຕິນ
....
heel

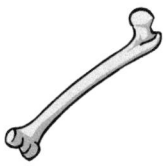

ກະດູກ
....
bone

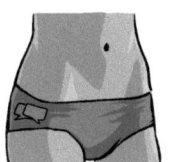

ກະໂພກ
....
hip

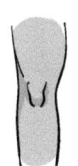

ຫົວເຂົ່າ
....
knee

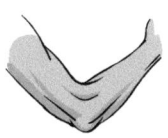

ແຂນສອກ
....
elbow

ດັງ
....
nose

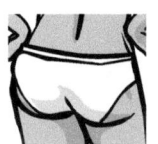

ກົ້ນ
....
bottom

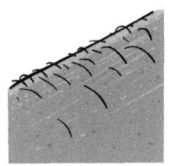

ຜິວໜັງ
....
skin

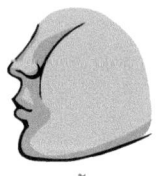

ແກ້ມ
....
cheek

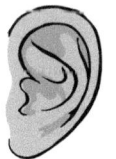

ຫູ
....
ear

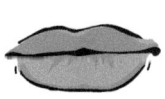

ຮິມສົບ
....
lip

ຮ່າງກາຍ - body　　　　69

ປາກ
....
mouth

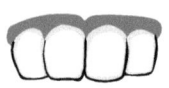

ແຂ້ວ
....
tooth

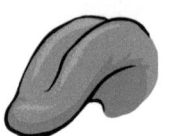

ລີ້ນ
....
tongue

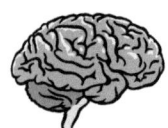

ສະໝອງ
....
brain

ຫົວໃຈ
....
heart

ກ້າມເນື້ອ
....
muscle

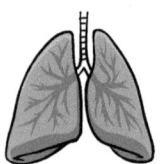

ປອດ
....
lung

ຕັບ
....
liver

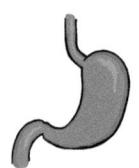

ກະເພາະ
....
stomach

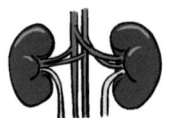

ໄຕ
....
kidneys

ເພດສຳພັນ
....
sex

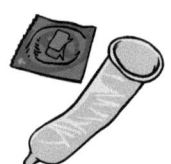

ຖິງຢາງອະນາໄມ
....
condom

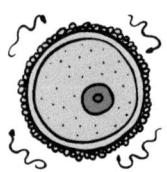

ເຊັລສືບພັນ
....
ovum

ນ້ຳອະສຸຈິ
....
semen

ການຖືພາ
....
pregnancy

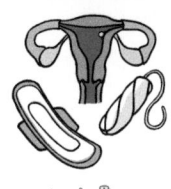

ປະຈຳເດືອນ
....
menstruation

ຊ່ອງຄອດ
....
vagina

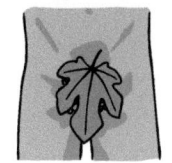

ອະໄວຍະວະເພດຊາຍ
....
penis

ຄິ້ວ
....
eyebrow

ເສັ້ນຜົມ
....
hair

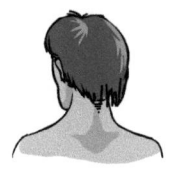

ຄໍ
....
neck

ໂຮງໝໍ
hospital

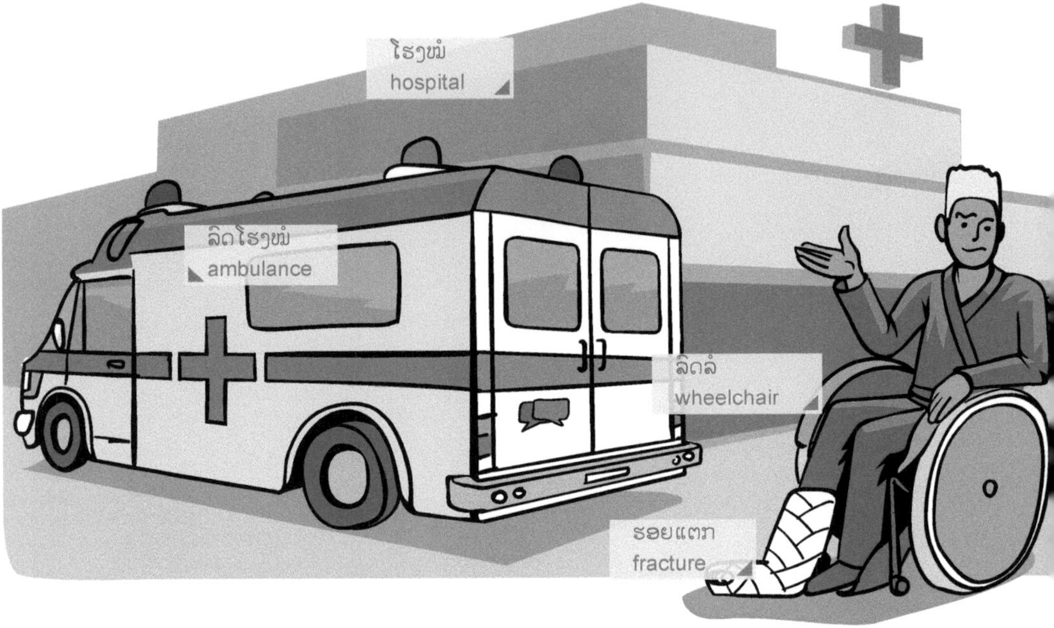

ລົດໂຮງໝໍ
ambulance

ລົດລໍ
wheelchair

ຮອຍແຕກ
fracture

ທ່ານໝໍ

doctor

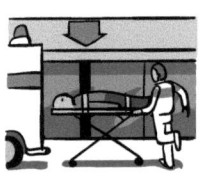

ຫ້ອງສຸກເສີນ

emergency room

ພະຍາບານ

nurse

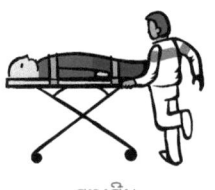

ສຸກເສີນ

emergency

ໝົດສະຕິ

unconscious

ອາການເຈັບປວດ

pain

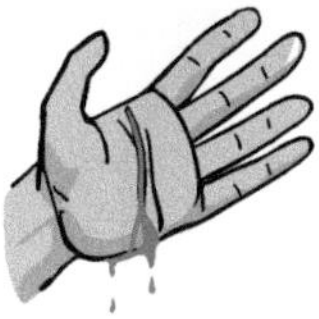

ການບາດເຈັບ

injury

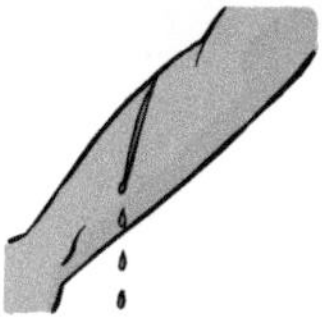

ເລືອດໄຫຼ

bleeding

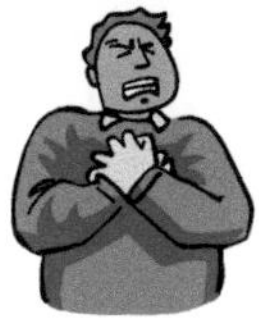

ຫົວໃຈວາຍ

heart attack

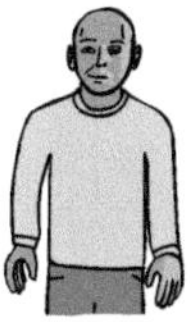

ໂຣກຫຼອດເລືອດໃນສະໝອງ

stroke

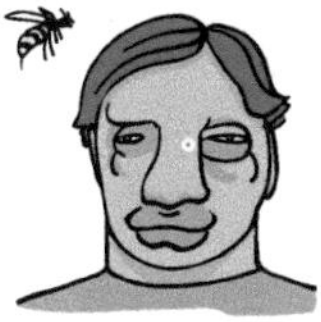

ອາການແພ້

allergy

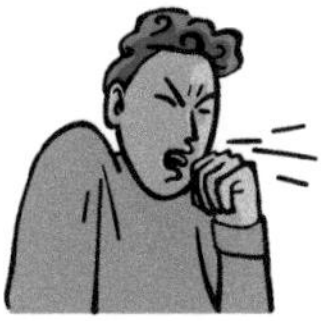

ໄອ

cough

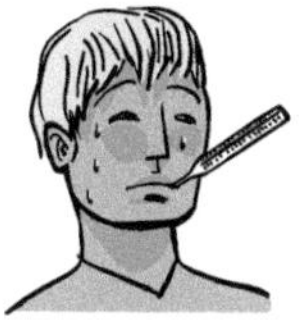

ໄຂ້

fever

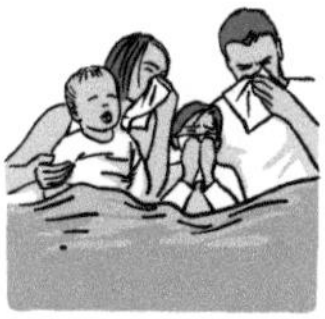

ໄຂ້ຫວັດ

flu

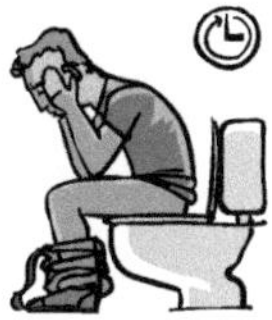

ຖອກທ້ອງ

diarrhoea

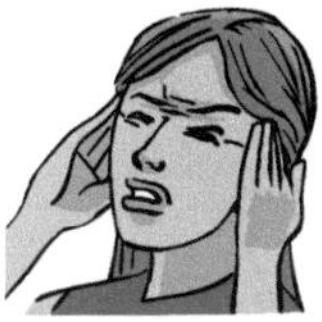

ເຈັບຫົວ

headache

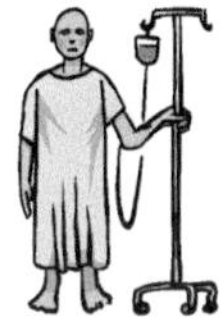

ໂຣກມະເລັງ

cancer

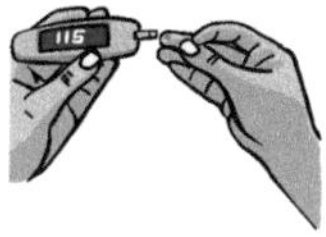

ພະຍາດເບົາຫວານ

diabetes

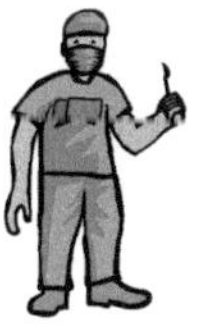

ໝໍຜ່າຕັດ

surgeon

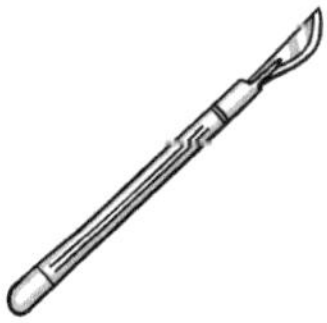

ມີດຜ່າຕັດ

scalpel

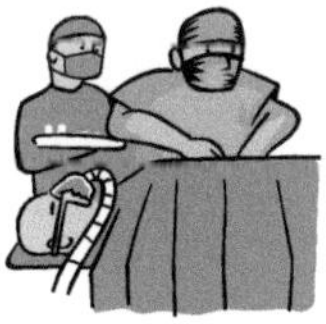

ການຜ່າຕັດ

operation

ເຄື່ອງເອັກສເຣເຄອມພິວເຕີ

CT

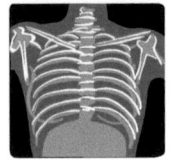

ເອັກຊ໌-ເຣ

x-ray

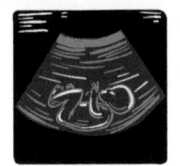

ອູລຕຣາຊາວ (ultrasound)

ultrasound

ໜ້າກາກອະນາໄມ

face mask

ພະຍາດ

disease

ຫ້ອງລຳຖ້າ

waiting room

ໄມ້ຄ້ຳຂີ້ແຮ້

crutch

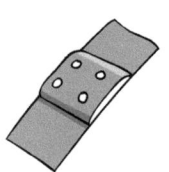

ຜ້າຍາງຕິດບາດ

plaster

ຜ້າພັນແຜ

bandage

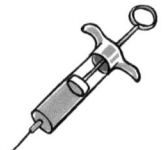

ສັກຢາ

injection

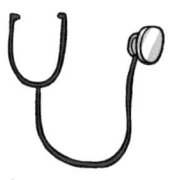

ເຄື່ອງຟັງປອດຫຼືຫົວໃຈ

stethoscope

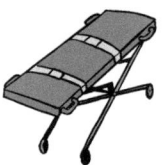

ເປຫາມຄົນເຈັບ

stretcher

ບາຫຼອດວັດໄຂ້

clinical thermometer

ການເກີດ

birth

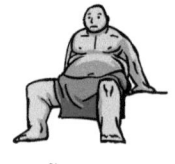

ນ້ຳໜັກເກີນ

overweight

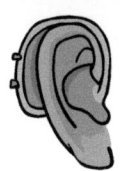

ເຄື່ອງຊ່ວຍຟັງ

hearing aid

ນ້ຳຢາຂ້າເຊື້ອ

disinfectant

ການຕິດເຊື້ອ

infection

ເຊື້ອໄວຣັສ

virus

HIV / ເອດສ໌

HIV / AIDS

ຢາ

medicine

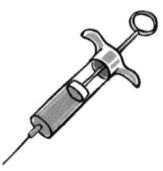

ການສັກວັກຊິນ

vaccination

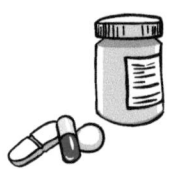

ຢາເມັດ

tablets

ຢາເມັດ

pill

ໂທອອກສຸກເສີນ

emergency call

ເຄື່ອງວັດຄວາມດັນເລືອດ

blood pressure monitor

ໄຂ້ / ສຸຂະພາບດີ

ill / healthy

ຊ່ວຍດ້ວຍ!

Help!

ສັນຍານເຕືອນໄພ

alarm

ການທຳຮ້າຍຮ່າງກາຍ

assault

ການໂຈມຕີ

attack

ອັນຕະລາຍ

danger

ທາງອອກສຸກເສີນ

emergency exit

ໄຟໄໝ້!

Fire!

ບັ້ງດັບເພີງ

fire extinguisher

ອຸປະຕິເຫດ

accident

ຊຸດປະຖົມພະຍາບານຂັ້ນຕົ້ນ

first-aid kit

ສັນຍານຂໍຄວາມຊ່ວຍເຫຼືອ

SOS

ຕຳຫຼວດ

police

ເອີຣົບ

Europe

ອາເມລິກາເໜືອ

North America

ອາເມລິກາໃຕ້

South America

ອາຟຣິກາ

Africa

ເອເຊຍ

Asia

ອອສເຕຣເລຍ

Australia

ແອດແລນຕິກ

Atlantic

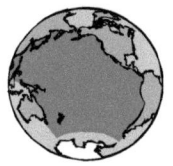

ປາຊິຟິກ

Pacific

ມະຫາສະໝຸດອິນເດຍ

Indian Ocean

ມະຫາສະໝຸດແອນເຕາຣຕິກ

Antarctic Ocean

ມະຫາສະໝຸດອາກຕິກ

Arctic Ocean

ຂົ້ວໂລກເໜືອ

North Pole

ຂົ້ວໂລກໃຕ້

South Pole

ແອນຕາຣຕິກາ

Antarctica

ໂລກ

Earth

ດິນ

land

ທະເລ

sea

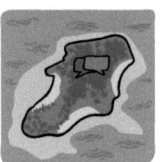

ເກາະ

island

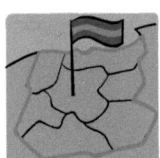

ຊາດ / ປະເທດຊາດ

nation

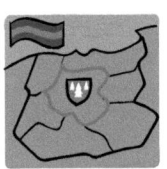

ລັດ

state

ໜ້າປັດໂມງ

clock face

ເຂັມໂມງ

hour hand

ເຂັມນາທີ

minute hand

ເຂັມວິນາທີ

second hand

ຈັກໂມງແລ້ວ?

What time is it?

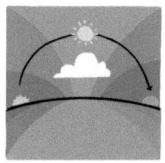

ວັນ

day

ເວລາ

time

ຕອນນີ້

now

ໂມງດິຈິຕອລ

digital watch

ນາທີ

minute

ຊົ່ວໂມງ

hour

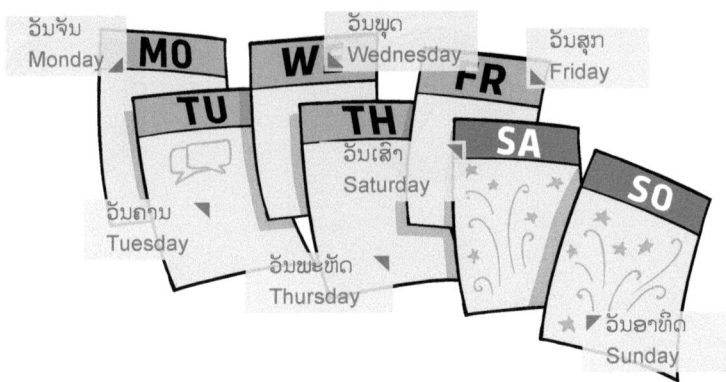

ວັນຈັນ
Monday

ວັນພຸດ
Wednesday

ວັນສຸກ
Friday

ວັນຄານ
Tuesday

ວັນພະຫັດ
Thursday

ວັນເສົາ
Saturday

ວັນອາທິດ
Sunday

ມື້ວານນີ້

yesterday

ມື້ນີ້

today

ມື້ອື່ນ

tomorrow

ຕອນເຊົ້າ

morning

ຕອນທ່ຽງ

noon

ຕອນແລງ

evening

MO	TU	WE	TH	FR	SA	SU
1	2	3	4	5	6	7
8	9	10	11	12	13	14
15	16	17	18	19	20	21
22	23	24	25	26	27	28
29	30	31	1	2	3	4

ວັນເຮັດວຽກ

business days

MO	TU	WE	TH	FR	SA	SU
1	2	3	4	5	6	7
8	9	10	11	12	13	14
15	16	17	18	19	20	21
22	23	24	25	26	27	28
29	30	31	1	2	3	4

ທ້າຍສັບປະດາ

weekend

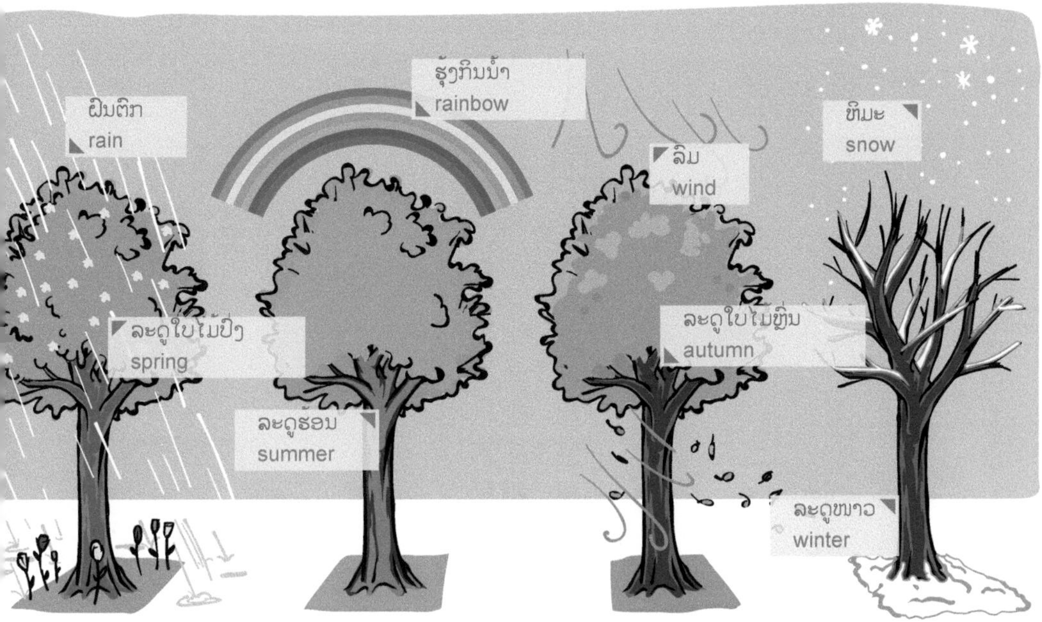

ຝົນຕົກ
rain

ຮຸ້ງກິນນ້ຳ
rainbow

ລົມ
wind

ຫິມະ
snow

ລະດູໃບໄມ້ປົ່ງ
spring

ລະດູຮ້ອນ
summer

ລະດູໃບໄມ້ຫຼົ່ນ
autumn

ລະດູໜາວ
winter

4.APRIL	11°	☀
5.APRIL	4°	☁
6.APRIL	13°	☂
7.APRIL	8°	❄
8.APRIL	10°	☀

ການພະຍາກອນອາກາດ
weather forecast

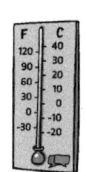

ເຄື່ອງວັດອຸນຫະພູມ
thermometer

ແສງແດດ
sunshine

ຂີ້ເຝື້ອ
cloud

ໝອກ
fog

ຄວາມຊຸ່ມ
humidity

ສາຍຟ້າແມບ

lightning

ຟ້າຮ້ອງ

thunder

ພະຍຸ

storm

ໝາກເຫັບ

hail

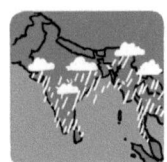

ລົມມໍລະສຸມ

monsoon

ນ້ຳຖ້ວມ

flood

ນ້ຳກ້ອນ

ice

ມັງກອນ

January

ກຸມພາ

February

ມີນາ

March

ເມສາ

April

ພຶດສະພາ

May

ມິຖຸນາ

June

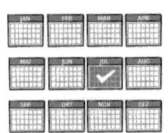

ກໍລະກົດ

July

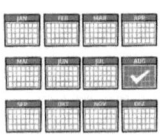

ສິງຫາ

August

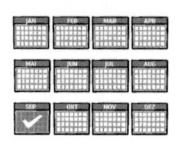

ກັນຍາໆ
....
September

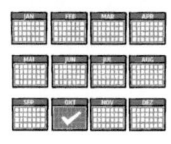

ຕຸລາ
....
October

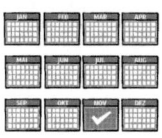

ພະຈິກ
....
November

ທັນວາໆ
....
December

ວົງມົນ
....
circle

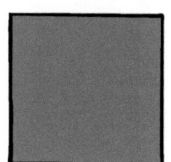

ສີ່ຫຼ່ຽມ
....
square

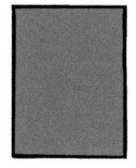

ຮູບສີ່ຫຼ່ຽມມຸມສາກ
....
rectangle

ສາມຫຼ່ຽມ
....
triangle

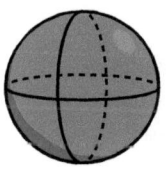

ໝ່ວຍກົມ
....
sphere

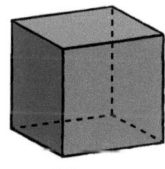

ຮູບສີ່ຫຼ່ຽມມິທິກ
....
cube

colours

ສີຂາວ
....
white

ສີເຫຼືອງ
....
yellow

ສີສົ້ມ
....
orange

ສີບົວ
....
pink

ສີແດງ
....
red

ສີມ່ວງ
....
purple

ສີຟ້າ
....
blue

ສີຂຽວ
....
green

ສີນ້ຳຕານ
....
brown

ສີເທົາ
....
grey

ສີດຳ
....
black

ຫຼາຍ / ນ້ອຍ

a lot / a little

ໃຈຮ້າຍ / ໃຈເຢັນ

angry / calm

ງາມ / ຂີ້ຮ້າຍ

beautiful / ugly

ການເລີ່ມຕົ້ນ / ການສິ້ນສຸດ

beginning / end

ໃຫຍ່ / ນ້ອຍ

big / small

ແຈ້ງ / ມືດ

bright / dark

ນ້ອງຊາຍຫຼືອ້າຍ /
ນ້ອງສາວຫຼືເອື້ອຍ

brother / sister

ສະອາດ / ເປື້ອນ

clean / dirty

ສຳເລັດ / ບໍ່ສຳເລັດ

complete / incomplete

ກາງວັນ / ກາງຄືນ

day / night

ຕາຍ / ມີຊີວິດ

dead / alive

ກວ້າງ / ແຄບ

wide / narrow

ກົນໄດ້ / ກົນບໍ່ໄດ້

edible / inedible

ຂີ້ຮ້າຍ / ໃຈດີ

evil / kind

ຕື່ນເຕັ້ນ / ໜ້າເບື່ອ

excited / bored

ອ້ວນ / ຈ່ອຍ

fat / thin

ທໍາອິດ / ສຸດທ້າຍ

first / last

ເພື່ອນ / ສັດຕູ

friend / enemy

ເຕັມ / ວ່າງເປົ່າ

full / empty

ແຂງ / ນຸ້ມ

hard / soft

ໜັກ / ເບົາ

heavy / light

ຄວາມຫິວ / ຄວາມຫິວນໍ້າ

hunger / thirst

ໄຂ້ / ສຸຂະພາບດີ

ill / healthy

ຜິດກົດໝາຍ / ຖືກກົດໝາຍ

illegal / legal

ສະຫຼາດ / ໂງ່

intelligent / stupid

ຊ້າຍ / ຂວາ

left / right

ໃກ້ / ໄກ

near / far

ໃໝ່ / ໃຊ້ແລ້ວ
....
new / used

ບໍ່ມີຫຍັງ / ບາງສິ່ງບາງຢ່າງ
....
nothing / something

ແກ່ / ໜຸ່ມ
....
old / young

ເປີດ / ປິດ
....
on / off

ເປີດ / ປິດ
....
open / closed

ງຽບ / ດັງ
....
quiet / loud

ຮັ່ງມີ / ຍາກຈົນ
....
rich / poor

ຖືກ / ຜິດ
....
right / wrong

ບໍ່ລຽບ / ລຽບ
....
rough / smooth

ໂສກເສົ້າ / ດີໃຈ
....
sad / happy

ສັ້ນ / ຍາວ
....
short / long

ຊ້າ / ໄວ
....
slow / fast

ປຽກ / ແຫ້ງ
....
wet / dry

ອົບອຸ່ນ / ໜາວເຢັນ
....
warm / cool

ສົງຄາມ / ສັນຕິພາບ
....
war / peace

0	**1**	**2**
ສູນ	ໜຶ່ງ	ສອງ
zero	one	two
3	**4**	**5**
ສາມ	ສີ່	ຫ້າ
three	four	five
6	**7**	**8**
ຫົກ	ເຈັດ	ແປດ
six	seven	eight
9	**10**	**11**
ເກົ້າ	ສິບ	ສິບເອັດ
nine	ten	eleven

12

ສິບສອງ

twelve

13

ສິບສາມ

thirteen

14

ສິບສີ່

fourteen

15

ສິບຫ້າ

fifteen

16

ສິບຫົກ

sixteen

17

ສິບເຈັດ

seventeen

18

ສິບແປດ

eighteen

19

ສິບເກົ້າ

nineteen

20

ຊາວ

twenty

100

ຫນຶ່ງຮ້ອຍ

hundred

1.000

ຫນຶ່ງພັນ

thousand

1.000.000

ຫນຶ່ງລ້ານ

million

ພາສາອັງກິດ

English·

ພາສາອັງກິດແບບອາເມລິກັນ

American English

ພາສາຈີນແມນດາຣິນ

Chinese Mandarin

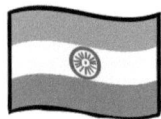

ພາສາຮິນດີ

Hindi

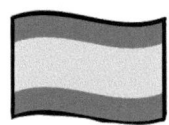

ພາສາສະເປນ

Spanish

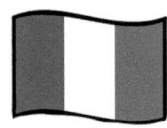

ພາສາຝຣັ່ງເສດ

French

ພາສາອາຣັບ

Arabic

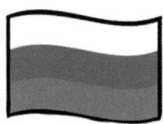

ພາສາຣັດເຊຍ

Russian

ພາສາປ໋ອກຕຸຍການ

Portuguese

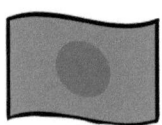

ພາສາແບງກາອລ

Bengali

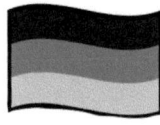

ພາສາເຢຍລະມັນ

German

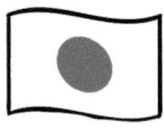

ພາສາຍີ່ປຸ່ນ

Japanese

ຂ້ອຍ
....
I

ເຈົ້າ
....
you

♂ ♀ ○

ລາວ (ຜູ້ຊາຍ) / ລາວ (ຜູ້ຍິງ) / ມັນ
....
he / she / it

ພວກເຮົາ

we

ພວກເຈົ້າ

you

ພວກເຂົາ

they

ໃຜ?
....
who?

ແມ່ນຫຍັງ?
....
what?

ແນວໃດ?
....
how?

ຢູ່ໃສ?
....
where?

ເມື່ອໃດ?
....
when?

HELLO, I AM

ຊື່
....
name

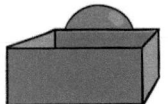

ຢູ່ທາງຫັງ

behind

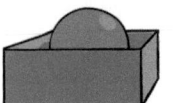

ໃນ

in

ຢູ່ທາງໜ້າ

in front of

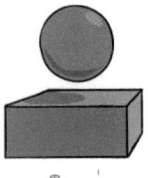

ເໜືອກວ່າ

over

ຢູ່ເທິງ

on

ຢູ່ກ້ອງ

under

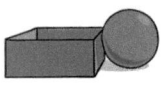

ທາງຂ້າງ

beside

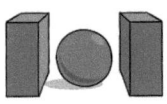

ຢູ່ລະຫວ່າງ

between

ສະຖານທີ່

place